木槿花开

——中学生心理危机介入干预案例集

章建华 / 著

杭州出版社

图书在版编目（CIP）数据

木槿花开：中学生心理危机介入干预案例集 / 章建华著. -- 杭州：杭州出版社，2023.3
ISBN 978-7-5565-2078-7

Ⅰ. ①木… Ⅱ. ①章… Ⅲ. ①中学生－心理干预－案例－汇编 Ⅳ. ① G444

中国国家版本馆CIP数据核字（2023）第039509号

MUJIN HUA KAI

木槿花开

——中学生心理危机介入干预案例集

章建华/著

责任编辑	夏斯斯
责任校对	徐玲梅　邹乐陶
封面设计	蔡海东
出版发行	杭州出版社（杭州市西湖文化广场32号6楼） 电话：0571-87997719　邮编：310014 网址：www.hzcbs.com
排　　版	杭州立飞图文制作有限公司
印　　刷	浙江星晨印务有限公司
经　　销	新华书店
开　　本	710 mm × 1000 mm　1/16
印　　张	16.75
字　　数	235千
版 印 次	2023年3月第1版　2023年3月第1次印刷
书　　号	ISBN 978-7-5565-2078-7
定　　价	67.00元

前　言

以人为本，以爱为名，关注学生心理健康

中学生正处于身心快速发展时期，由此生发的阶段性心理问题也相继出现。《2022 年青少年心理健康状况调查报告》显示，参加调查的青少年中有 14.8% 存在不同程度的抑郁风险，其中，有 4.0% 的抑郁得分较高，属于重度抑郁风险群体，有 10.8% 的为轻度抑郁风险群体，需进行有效干预和及时调整。

近年来，中学生心理健康状况，包括欺凌与突发危机事件持续处于舆情高位状态，这一严峻的现实更是提醒教育工作者要更重视学生心理健康。如何探究学生问题行为背后产生的原因，辅导学生处理好关系问题，引领学生心灵健康成长，是广大一线教师和众多家长朋友面临的难题。

根据《2022 年国民抑郁症蓝皮书》，引发抑郁症的主要原因是情绪压力和家庭亲子关系。其中，18 岁以下的抑郁症患者约占总人数的 32%，50% 的抑郁症患者为在校学生，青少年抑郁症患病率已达 24.6%，接近于成人，抑郁症发病群体呈年轻化趋势。导致学生抑郁的前两个原因分别是人际关系（77.39%）和家庭关系（69.57%），有 63% 患有抑郁症的学生在家庭中感受到严苛、控制、忽视、缺乏关爱和冲突、家暴。

由以上数据可知，对有抑郁情绪、抑郁状态的学生而言，家长是其就医前极为关键的一环。家长能否及时察觉孩子的异动并给予有效的关注和引导，在很大程度上决定了孩子未来的心理问题走向。很多家长只看到孩子的行为表现，却看不到背后的情绪和精神因素，把问题简单定性为不爱学习、青春期叛逆或者意志力薄弱。长此以往，导致学生心理问题的介入干预之路“道阻且长”，甚至个别孩子因“习得性无助”而出现自残、自杀等倾向。

很多时候，青少年学生会把负性情绪埋在心里，这样的情绪处理方法不仅无法缓解内心的压力，反而让自己更容易陷入焦虑、迷茫之中。事实上，这些情绪需要被正视和表达，我们需要意识到：负性情绪的存在本来就是正常且普遍的，关键在于如何处理负性情绪。作为教育工作者的我们，也要善于观察，时时“看见”孩子，对日常行为出现异常的孩子要重视。老师和家长重视学生的心理健康问题，在一定程度上可以降低学生的异常行为的发生率。我们应当在社会、家庭、个人之间构成良好的动态支持系统，相互影响，促进改变。

笔者所在学校是经H市委、市政府批准的从事专门矫治教育的专门学校[①]，主要招收H市所辖初、高中学校中有不良行为或严重不良行为以及心理偏常的学生。2021年9月全校学生的心理普查结果显示，近六成学生的心理健康状况令人担忧（因子平均分≥2，或总分≥160），问题主要集中在“强迫”“人际关系敏感”“敌对”“偏执”等方面。在“敌对”这个因子上，有55%的学生陈述有阳性症状。这些因子分数高的学生，往往也是班主任口中经常与人发生冲突、非常难教育的学生。我校学生的行为问题发生率相对高，但较建校之初发生了显著的变化，从外显的打架斗殴、敲诈、偷窃等转化为迷恋游戏等内隐性自我放弃等心理问题，这对学校当下心理健康教育服务和德育管理提出了新的要求。

本书书名“木槿花开”，源于木槿花的生命力很强，通常一朵花开败后，其

① 专门学校是指对有不良行为或家长管不了、不适应在普通学校就读的未成年学生进行矫治帮扶教育场所。

他的花苞又跟上了，象征着永恒的生命，寓意生活红红火火；木槿的花朵朝开夕落,时间虽短暂却诉尽一生繁华。另外,笔者学校所处的茅草山脚,每当夏秋时节,满院木槿花开，纷披陆离，迎着朝霞，沐浴着阳光，临风招展，光彩秀美。唐代诗人李白曾以《咏槿》赞曰:“园花笑芳年,池草艳春色。犹不如槿花,婵娟玉阶侧。芬荣何夭促，零落在瞬息。岂若琼树枝，终岁长翕赩。”生生不息的木槿花象征着坚韧和顽强的生命力,正如我们的学生在“爱与责任”的专门教育力量浇灌下,收获了心理韧性和顽强的生命力，在遇到挫折时，不再轻易言弃，能坚持心向阳光，稳步前行。书名也由此而来。

针对学生的心理问题，笔者所在学校因材施教，注重学生心理健康的个体差异，在一次次的教育实践中发生了很多温情的故事。本书即是笔者搜集的发生在学校教育实践中的真实案例，通过对危机事件的复盘和推演，梳理出事件应对的指导建议，为中学生心理危机介入干预提供更多的可行性方案，帮助老师、家长在遇到类似问题时学会归因分析和采取适当干预策略。希望本书对读者处理青少年心理危机有启示作用。

本书共分为五篇，每篇对多个危机案例进行分析，每一个危机案例分析主要呈现个案基本情况、心理体检评估、归因分析、干预策略建议等。其中，以分析解决中学生心理问题的方法，通过调适认知来适应正常生活的情绪管理，有 8 个案例;帮助学生建立自信，学会换个角度思考问题，给予学生开放式交流的体验，从而与他人建立良好的人际关系,有 7 个案例;针对家庭不良的互动模式进行“扰动”，从而改变家庭环境及不良教养方式的亲子关系重构，有 7 个案例；对青少年行为问题的矫正须兼顾孩子与父母，需要采用不同的应对方法，如交替使用正强化与消退技术、运用模仿与观察学习法、自我管理技术以及认知行为治疗中的共情、积极关注和行为的认知重构，因此设置了 7 个问题行为和 8 个家庭教养案例进行分析。

同时，笔者在每篇后面安排了一个典型案例研究。典型案例研究以个案基本情况、事件回放、案例归因分析、干预实施策略与过程、辅导效果与反思等形式呈现，站在学生、家长、老师等角度，深入浅出地分析了案例的教育警示意义和实践操作策略的可行性，并反思介入干预成效和存在的不足。通过案例复盘研究的形式串联教育理念、引发教育思考，以“临床”指导经验触动更多的教育经脉，共同探讨新时代学生心育服务的新路径。这些案例研究是笔者“心育名师工作室”成员教师的研究成果，在此向他们表示感谢。篇章末尾附上的小知识——“名人有话说”，则是希望读者在阅读故事和案例时有所思考，从名人名言中寻找教育的源头活水。

最后，基于教育一线的中学生心理危机介入干预案例集是笔者长期关注中学生心理健康问题的经验积累，用案例关照教育现实，也用研究引领教育未来。期待本书能引起教育同仁的共鸣，对教育实践有启示与借鉴作用，为中学生心理危机介入干预研究注入新的能量！

章建华

2022 年 12 月

目录 CONTENTS

情绪管理篇

人类大脑有一个独立系统在运行，就是我们称为情绪化的一面，这是人类本能中的一部分，它能够感知痛苦与压力。青少年学生的情绪体验最为丰富、强烈，情绪变化也十分迅速、无常，青少年学生的个性各有不同，积极向上、健康开朗的个性有助于学生快乐地学习、积极地生活和进行良好的人际交往，而缺少健康情绪的青少年学生由于受孤僻、嫉妒、暴躁、冲动等不良个性影响，出现抑郁、焦虑等不良情绪感受，进而损害身体健康，妨碍智力活动和潜能开发，降低参加各种活动的效率，尤其会削弱学习、交往的能力。

情绪不仅对个体其他心理与行为活动起着重要的调节作用，对社会交往和适应具有交流和协调功能，而且对个体的身心健康具有重要的意义。因此，在青少年心理辅导工作中，帮助学生调节情绪、培养积极情绪是十分重要的一项内容。本篇通过心理辅导，整理学生的思想，稳定学生的情绪，让学生尽量释放心中的负面情绪，以积极健康的状态回归课堂、回归生活。

危机案例分析

易激怒的男孩

一 个案基本情况

张同学，男，15 岁，体重 105 千克，身材结实魁梧。张同学家庭结构完整，租住在城郊接合部，有一个读职高的姐姐和一个 2 岁左右的妹妹，父亲初中学历，是出租车驾驶员，在家较有威信，母亲初中学历，全职在家。张同学对父亲的话比较在意，但父亲为了养家糊口，长期白天晚上连续开车，平时疏于教育；基本不听母亲的话，但也不反抗。节假日期间主要出去跟朋友玩玩手机和打打游戏，偶尔也会去小区打球。

（一）班级表现

有较明显的混日子迹象；情绪不稳定，易冲动且固执，经常顶撞老师，班主任的话基本当耳边风，说一套做一套。自认为身材魁梧，经常用言语或脏话挑衅他人，爱找茬，说话特别冲，谁惹着他就会立马出手“制服”谁。爱钻牛角尖，喜欢抓住他人言语中的把柄加以放大，刺激他人。同伴关系较差，没有比较亲密的朋友。在校内外有抽烟的习惯。

生活事件及处理：有一次上课时，张同学趴在桌子上睡觉，老师走过去提醒他，让其站着清醒一下，他站起来后却故意东倒西歪、晃来晃去地装睡，引得其他同学哄堂大笑。后来，老师让其站到教室后面听课，张同学带着明显不耐烦的抵触情绪说："我身体不舒服，趴一会儿怎么啦？"

为了维持正常的课堂教学秩序，防止发生师生正面冲突，老师在控制好自己情绪的前提下，让张同学在原位休息，并告知张同学能坚持听课就尽量坚持，要是自己觉得实在不行，可以休息一下。下课后，老师询问他是否需要去医务室就诊，张同学说"不用了"，然后由老师带至办公室，给他倒了杯温水，问他喝了是否舒服些。经过交流后，张同学也知道自己的做法不对，他表示："上课听不懂，很无聊，你让我站后面去，觉得很没面子，所以和你杠上了。我以后尽量上课不睡觉。"

教育反思：老师虽然当时就明白张同学在"睁眼说瞎话"，但也没跟他硬碰硬，而是顺着他的思维，按下"暂停键"。张同学更愿意接受语气平和的沟通，如果用严厉的语气和强硬的规则去批评教育，会令他产生明显的抵触和敌对情绪，甚至反抗行为。

（二）课堂表现

经常在课堂上睡觉、看课外书、找人聊天、发呆，几乎没有学习兴趣；作业基本不认真做；上课坐不住，有轻微多动症；一旦老师管得多了，就会和老师顶撞，发生言语冲突。

（三）案例点评

心里不舒服或郁闷的时候，会主动找心理老师或结对老师进行交流；对未来不抱希望；情绪不稳定，说话比较冲，有时脏话也比较多；对同学的刺激反应过于强烈，不能很好地控制情绪，有时容易与人发生冲突。

二 心理体检评估

（一）艾森克个性测验（耗时 00：05：12）

精神质（P）：提示被试比较固执，遇到麻烦较多，很少关心他人，有时表现得较残忍。（标准分 60）

内外向（E）：属于中间性格特征。（标准分 55）

神经质（N）：表现为典型的情绪不稳定，对各种刺激的反应过于强烈，情绪激发后很难在短时间内平复下来，极易发脾气，容易与同伴发生冲突。（标准分 75）

掩饰程度（L）：被试无任何掩饰倾向。（标准分 25）

（二）SCL-90 症状清单（耗时 00：05：07）

强迫状态（中度）：不能集中注意力，脑子经常一片空白，易发呆。

人际关系敏感（中度）：对别人讲话比较留心，常担心别人会在说自己，有时会感到别人不理解自己。

抑郁（重度）：对事物不感兴趣，感到做任何事都很难，对前途不抱希望，有时经常感到孤独、苦闷。

焦虑（中度）：常无缘无故地感到紧张，神经过敏，觉得所熟悉的环境都变得陌生，过一会儿会有所缓解。

敌对（重度）：经常与人争论，容易激怒，不能控制自己的行为和情绪，有打人或伤害他人的冲动。

偏执（中度）：性格固执，感到别人不可信任，有敌对性。

三 归因分析

张同学的敌对情绪比较严重。他处于青春期荷尔蒙迅速分泌的时期，身体快速发育，心理状态不断成长，容易出现情绪的冲突和爆发。

首先，家庭教养环境不健康。父亲平时忙，疏于管教，而母亲的威严却不够。一方面，家长没有接受过心理健康教育，平时的教养方式简单、粗暴，信奉“棒棍底下出孝子”的教育理念，就有可能会导致孩子产生敌对心理。另一方面，偏执的形成与家庭持续情感支持有关。现代社会生活节奏快，工作压力大，父亲忙于生计，缺乏与下一代的情感沟通或沟通效果差，导致情感支持缺位，母亲也无法提供情感支持。

其次，个体认知有偏差，情绪管理能力弱。由于家庭教育的缺失，张同学没有习得处理事情的正确方式，加上青春期自我意识在不断发展，同时情绪不稳定，容易冲动发脾气，不懂得合理调节情绪。

最后，学生敌对心理产生也有可能与教师不合适的教育方式有关。教与学之间出现矛盾时，学生容易产生敌对情绪，学生的课堂行为、学习成绩等不符合教师的期望时，教师不合适的批评方式会引起某些学生的怨恨情绪。

四 干预策略建议

第一，挖掘学习动机。张同学找不到学习的动力，对此可以采取家校联合的方式。首先，张同学比较听父亲的话，父亲在他的心中有一定的权威，鼓励父亲与其沟通，建立学习的外部动机。其次，张同学觉得上课比较无聊，先表示对其理解和接纳，再让张同学站在老师的角度，认识到每个老师都有自己的风格，同时也尽量建议老师们改进教学风格。最后，倾听张同学对学习的看法，针对张同学的具体情况进行策略设计。除此之外，鼓励他培养学习之外的兴趣爱好，充分利用体格优势，多进行体育锻炼活动。

第二，接纳情绪，合理宣泄情绪。张同学脾气暴躁，控制不住自己的情绪和行为。首先，应以真诚的态度接纳他，给予充分的关心和理解，耐心倾听，引导他把消极的心情表达出来，使不良的情绪得以发泄，长期压抑的心情得到缓解。其次，帮助他认识冲动的危害性，并掌握克制冲动的方法。一是放松疗法，通过深呼吸来控制自己的怒火；二是转换角度，设身处地地把自己放在别人的位置上考虑一下，体会对方立场上的情绪；三是自我暗示，经常提醒自己，一旦伤害了别人，自己也将受到惩罚；四是找到合理解决问题的方法，表达自己的情绪，得到对方的理解。

第三，角色扮演法。张同学很少关心别人，经常发起挑衅，说话特别冲，容易对他人造成伤害。可以适当增强他的共情能力，如先通过观看影片，让他进入影片中的场景，再进行角色扮演，充当被他刺激的对象，体验他人的情绪，再分享、交流自己的感受。

第四，教师应提升育人智慧。首先要关爱学生。其实这类学生内心脆弱，老师应有足够的包容心去应对他们的恶作剧和顶撞，同时也要多表扬、多鼓励，全面接纳这些学生。然后重新建立张同学对自身的价值肯定。根据多元智能理论，每个人都有自身的优势，这些优势表现在 9 个不同的范畴，分别是语言、数学逻辑、空间、身体运动、音乐、人际、内省、自然探索、存在。找到张同学的优势，鼓励他参与校园内外自己感兴趣且擅长的活动，从而获得成就感。

第五，培养良好的亲子关系。父亲因为要养家糊口，需要长期在外工作，疏于平时的管教，张同学虽然能够理解，但毕竟情感无法满足。因此，父亲要关心张同学学习、生活上的情况，及时表示鼓励和关注，提供学习的外部动机，并为张同学树立榜样。母亲在教育的过程中，尽量理解孩子，多沟通，多鼓励，多表扬，减少一味的说教行为。

危机案例分析

闺蜜疏远我怎么办

一 个案基本情况

小Z，女，15岁，外来务工家庭，父母都是初中学历，父亲是街道的特勤队员，母亲无业，家庭结构完整，有一个读小学的弟弟，家庭氛围相对融洽，亲子关系尚可，无重大生活事件发生。据家长反映，小Z平时比较内向，总感觉自己有心理问题，有割腕史，曾在某市医院精神科就医，有抑郁药物治疗史。

（一）班级表现

平时乐于帮助同学，对班级黑板报和其他一些任务能较认真完成；有时课间会融入群体，但大部分时间会游离于群体之外，坐在位子上发呆或看书；不愿穿短袖校服，手臂划痕较多。

生活事件及处理：一天，某同学无意中看到小Z在宿舍用美工刀割腕，随即报告老师。班主任及时收缴了美工刀，观察到小Z的表皮有一点破裂后，立刻将其带至医务室包扎。询问同学和小Z事情经过后，没有发现同伴欺凌的情况。接着，班主任上报学生处并要求协助安全检查，同时联系家长到校沟通，心理老师也进入应急个体干预和班级团体辅导。

（二）课堂表现

对学习积极性不高，学习能力较弱，基础较差；上课自制力差，小动作不停，喜欢讲话，但更多是发呆的状态，经常看课外书或画画。

（三）自我反馈

学习压力很大，每天都感到很累，精神完全放松不下来。我个人对学习没有兴趣，但对画画、音乐和舞蹈还是会用心去做的，我上课经常画画，但老师叫我把画收起来的时候，那个语气我很不喜欢，然后我会很冲动。我发觉我十来年的朋友被别人抢走了，她现在对我越来越凶了，她以前从来不凶我的，现在也开始嫌我烦了，我也没做过对不起她的事啊，现在我的心里很烦。我没有太黏她，是她有了新朋友后就不需要我了，总感觉是我想得太多。不过现在我明白了，只要把事情想开就好了。

二 心理体检评估

（一）艾森克个性测验（耗时 00：10：17）

精神质（P）：提示被试的精神质在正常范围内，能其与他人正常地交往，无明显固执、古怪、麻烦等表现，能善待其他人和小动物，会关心他人，表现出一定的同情心和人道主义精神，人际关系较好。（标准分 50）

内外向（E）：属于中间性格特征，无明显喜欢活动和安静的特点，做事情不冲动但也不过分犹豫不决，态度平淡，热情而不失控，有节而不保守。（标准分 55）

神经质（N）：表现为典型的情绪不稳定，对各种刺激的反应都过于强烈，情绪激发后很难在短时间内平静下来，极易焦虑、紧张、发脾气，强烈的情绪反应影响其与他人交往，容易与人发生冲突，睡眠不安，容易出现各种身心问

题。（标准分 80）

掩饰程度（L）：提示被试无掩饰倾向，回答问题真实可信，行为朴实，言行一致，能够袒露自己的内心体验。（标准分 40）

（二）SCL-90 症状清单（耗时 00：07：58）

躯体化（中度）：经常有头晕、头痛、恶心、胃部不适、心慌、胸闷、疲乏、虚弱等躯体不适的感觉。

强迫症状（重度）：每天有 4—6 小时重复某些动作，影响日常生活学习，忘性大，不能集中注意力，不能摆脱头脑中不必要的想法，做事难以做出决定。

人际关系（中度）：对别人讲话比较留心，常担心别人会议论自己，有时会感到别人不理解、不同情自己。

抑郁（重度）：经常责怪自己，感到任何事情都很难做，容易伤感、哭泣，对异性的兴趣减退，感到非常孤独。

焦虑（中度）：常无缘无故地感到害怕，心跳得很厉害，觉得所熟悉的环境都变得陌生，但过一会儿会有所缓解。

敌对（重度）：经常有想打人或想摔东西的冲动，容易激怒，不能控制自己的行为和情绪。

恐怖（中度）：不敢在黑暗中独处，怕单独出门，因为害怕，会刻意回避某些事物。

偏执（中度）：怀疑性明显，不轻易相信他人，常感到别人想占自己的便宜。对自己的成绩没有做出正确的评价。

精神病性（重度）：经常有幻听，觉得自己的思维被别人控制，别人能知道自己的思想意念，认为自己应该为自己的过失而受到惩罚。

三 归因分析

首先，著名的人格心理学家荣格最早提出内–外倾人格类型学说，其中内倾的人格特点是：自我剖析、做事谨慎、深思熟虑、疑虑困惑、交往面窄，有时也会表现出适应困难。小 Z 会把很多想法停留在脑海中，反复思考，尤其是对于朋友的疏远会不断复盘自己的问题所在，既认为自己没有做错，又不明白朋友为何疏远自己，从而陷入一个纠结和矛盾的状态。

其次，小 Z 可能存在“全或无”的思维方式，即判断事物是以绝对化的思考方式进行，认为要么全对，要么全错。以这种思维方式往往把生活看作非黑即白，认为不存在中间状态。因此，小 Z 会在被好朋友疏远后，认为自己存在问题，也可能认为老师给予的批评对自己的伤害很大。

再次，小 Z 也有可能形成了回避性条件反应。中学生学业课程增多，小 Z 本来对于学习兴趣不大，学业压力加大后，为了逃避学习，她就在课堂上做自己想做的事，比如画画、发呆。但是在学校里无法避免学科学习任务，因此会在学习方面没有自信，在学习的时候更容易分心，对于老师的批评和指正较为敏感，情绪易激动，长久下来对于很多事情的反应也比较强烈。

最后，小 Z 在同伴群体交往中有“习得性无助”感觉。由于性格内向，长期只关注自己心中的事物，游离于群体之外，而不善于与人交往，朋友较少。这也直接导致小 Z 过于看重仅有的朋友之间的感情，当与好友出现矛盾时，会归因于认为某些事情自己存在问题，可又找不到问题所在，情绪低落，陷入抑郁，需要很长的时间缓解。

四 干预策略建议

第一，遵医嘱，不擅自停药。虽然在医院并没有检查出严重的抑郁障碍，但不能排除小 Z 已经对各项检查都有所了解，因此有故意规避嫌疑。在药物治疗有作用的情况下，如果需要，应在医师指导下继续服用相关药物，稳定孩子情绪，减少自残、自伤等行为。

第二，建立良好的辅导关系，走进孩子内心。小 Z 的心理状态需要心理老师介入，心理老师和班主任应该秉持“以人为本”的辅导理念，在辅导过程中充分尊重孩子，与孩子建立相互信任的关系，能够循序渐进引导孩子表达出自己的内心想法和感受，结合沙盘、投射测验等咨询方法进一步了解孩子未曾表露的内心世界。

第三，杜绝家长给孩子贴标签的言行，例如，不能在外人面前说孩子内向、不爱说话等等。孩子有自己的想法，在这样的标签下可能会产生不科学的自我评价，进而越来越不爱讲话，压抑情绪。因此，一定要尊重理解孩子，并鼓励孩子表达自己的情感。

第四，父母做好榜样示范，提高交往能力。例如，家长要主动热情地和别人打招呼，用自己的言行影响孩子，让孩子多交朋友，扩大交际圈。日常生活中多带孩子外出郊游、参加聚会等活动，提高孩子的人际交往能力。

第五，发挥优势，增强自信，减少对课程学习的回避。老师将黑板报等活动交给小 Z,平时的学习中也多多表扬小 Z 在画画等方面的优势,减少其自卑。同时，老师可以经常给小 Z 讲解学习思路，在她不懂的时候多一些耐心讲解难题，帮助小 Z 做好总结和归纳，让她看到自己在其他学科中也有取得进步的可能，从而逐步对其他学科产生兴趣，增强学习自我效能感[①]。

第六，利用消退和强化，减少不适宜行为，增加美好的情感体验。当小 Z 情绪激动时，老师可以先让其冷静放松；面对其顶撞等不当行为，可以不予关注和理睬，使这些行为自行消退。同时，老师可以鼓励小 Z 多参加体育活动或其他集体活动等,在活动中增进与其他同学的交流。当小 Z 在活动中表现出恰当行为时，要及时给予奖励，让她不仅能感受到活动的乐趣和愉悦情绪带来的积极体验，也能感知与同学之间友谊的可贵和学校生活的美好。

① 自我效能感是指个体对自己是否有能力完成某一行为所进行的推测与判断。

危机案例分析

过度防卫的背后

一 个案基本情况

小罗，男，14 岁，外来务工家庭，暂租住在某市城郊接合部农居房，家庭结构完整，父母均是小学文化。父亲在工地打工，母亲做物业服务，父母家庭教养方式简单粗暴，比较冷漠，陪伴时间很少，小罗基本是一个人自理生活。

（一）班级表现

做事自信心不足，遇到困难就会退缩；平时看起来大大咧咧，但其实内心十分脆弱，非常在意同伴对他的看法，经常会由于同学不经意间的一句话就独自生闷气，怎么做工作都不行，比较固执；冲动的时候，做事不计后果，自制力较差；有私自带管制刀具进校现象。

生活事件及处理：班级课外活动组织篮球比赛，打输了之后，一个人生闷气回班级，并用自己的拳头不停地击打墙壁。在排练课本剧的时候，一名同学在小罗表演时朝他笑了一声，小罗觉得自己被嘲笑了，导致心理失衡，随即失去了控制，冲出教室到走廊边要去跳楼。

班主任及心理老师关注到小罗情绪爆发后的动向，及时采取安全保护措施，并在老师陪伴下给予情绪恢复的时间，作适当冷处理，待小罗情绪初步稳定后，再跟进疏导，在确认其情绪完全平复下来后，遵循其本人意愿继续回教室上课。

（二）课堂表现

学业基础较差，有时上课睡觉，作业基本是抄袭或不完成，学习参与度容易受情绪影响，喜欢通过与老师唱反调的方式来引起老师的关注，不太愿意和同伴合作交流，比较固执，认为自己的看法更独到。

（三）自我反馈

班里有个同学经常欺负和侮辱我与其他同学，看了很不爽，周末准备叫人修理他，谁叫他天天骂我。我感觉某某同学又在说我的坏话，好怕自己被孤立起来。父母对我的冷漠，我早已习惯，也许我是多余的。

二 心理体检评估

（一）艾森克个性测验（耗时 00：07：41）

精神质（P）：提示被试的精神在正常范围内。（标准分 50）

内外向（E）：表现为典型的内向性格特征，不喜欢接触较多的人，与人交往时保持一定的距离；考虑问题瞻前顾后，言语极少；对别人的话比较敏感，行为孤僻。（标准分 35）

神经质（N）：表现为典型的不稳定，对各种刺激的反应过于强烈，激发后一时难以平复下来，极易焦虑、紧张、发脾气；睡眠不安，容易出现各种心理问题。（标准分 65）

掩饰程度（L）：提示被试毫无掩饰倾向。（标准分 40）

（二）SCL-90症状清单（耗时00：07：11）

强迫症状（轻度）：头脑中会产生不必要的想法，感到难以完成任务，注意力不集中。

人际关系（中度）：对别人讲话比较留心，常担心别人会议论自己，有时会感到别人不理解、不同情自己。

抑郁（重度）：有时会感到精力下降，孤独、苦闷，感到做事比较难，力不从心。

焦虑（轻度）：时常会感到莫名紧张和心神不宁。

敌对（重度）：有时控制不住自己的情绪，有很想摔东西或打人的冲动。

偏执（重度）：性格固执，有时会有敌对性，感到别人都不可信任。

（三）父母养育方式评价量表（耗时00：08：30）

被试在父母养育过程中，不能以理解的态度、温暖的情怀对孩子进行养育，总是使用过分严厉和惩罚的教育方式，极易采取拒绝态度和否定态度来养育孩子，多数情况下会过分干涉孩子的事情。

（四）家庭环境量表（耗时00：02：39）

亲密度：家庭成员之间不会有承诺，相互间不能帮助和支持，亲密度不够。

情感表达：家庭成员之间不太表达自己的情感，很难相互讲出自己的内心感受，表达方式不直接。

矛盾性：家庭成员之间非常愿意表露自己的愤怒情绪、攻击倾向和矛盾性。

独立性：家庭成员之间缺乏相互尊重和自尊，独立行事能力不足，自信心不足。

成功性：家庭成员之间缺乏成功的体验，没有明确的目标，上进心不足。

控制性：家庭成员之间重视伦理道德，因而非常重视使用固定的家规和程序。

三 归因分析

一方面，个体心理韧性缺乏。小罗同学的内心比较脆弱，容易把别人的一个眼神、一句话放大，害怕自己不被同学和老师喜欢，自尊水平和心理韧性较低。心思细腻敏感，性格固执，容易冲动，做事情不考虑后果。存在不合理信念，会把同学的玩笑话当成嘲笑，并且无法及时地调节自己的情绪。

另一方面，父母给予的温暖缺失。父母的陪伴时间较少，小罗同学会比较孤独。同时，家长对孩子也比较冷漠，没有让孩子体会到父母的关心，平时也多采取严厉的态度，才会使小罗产生自卑情绪。

四 干预策略建议

第一，积极情绪团体辅导。开展积极情绪的团体辅导，提高学生的心理韧性，笑对人生的小挫折。在团体辅导中，设计不同的主题，例如学习情绪 ABC 理论，遇到消极情绪的时候，不是任由情绪发展，而是去分析引起消极情绪的原因，让小罗意识到，在打球输了之后产生失落和愤怒的情绪是正常的，失败也是成长的催化剂，相信自己，下次一定能打得更好。当消极情绪出现的时候，冷静想想后果，进行积极的自我暗示，控制好情绪。记录与分享美好，关注生活中的“小确幸”并记录下当时的积极情绪，提升自信心。

第二，采用合理情绪疗法。小罗由于过于自我或不敢表达而陷入人际关系紧张，负性情绪长期积累于内心。合理情绪疗法可以帮助小罗回想让他感到被嘲笑的情境，表示理解，再引导他进行改变，体验适当的情绪反应，最后停止想象，找到不合理的认知，加以改变，再次体验。在此基础上，还可以通过小罗的自我分析和建立自信心、社交技能等方面的训练，使其以阳光、健康的心态面对学习和生活中的挫折和挑战。

第三，构建和谐的家庭氛围。人生的第一个学校就是家庭，父母是孩子一生的导师，尤其是对于青春期的孩子，家长的教养方式显得尤为重要。造成小罗不自信以及内心脆弱的部分原因来自原生家庭。对此，家长需要不断学习，提高自身修养，掌握科学的教育方法和积极有效的沟通方式，采用积极的教养方式，增加与子女的沟通。首先，要给予孩子关心和照顾，学会倾听和共情，真正地去了解孩子的心声，认同孩子的感受；然后，当孩子遇到困难的时候，不能一味地指责和批评，应该给予耐心的指导和坚定的支持，让孩子自己解决问题，收获成功，同时伴以赞赏之词。这样才能提高孩子的心理韧性。

第四，教师要一视同仁。首先，教师要关注到每一名学生，并且要看到他们的进步和优点，多发掘学生的闪光点；发现学生的错误后，在指出的同时，也要给予合理的建议，鼓励学生自主解决。与此同时，不仅要关注学生的学业成绩，也要关心学生的身心健康，在平常生活中多观察与留意学生的变化；适当地安排一些简单的任务来提高学生的自我效能感，增强其在班级里的归属感。

危机案例分析

年少轻狂

一 个案基本情况

小戴，男，16岁，外来务工家庭，租住某市城郊接合部农居房，父母离异，都未重组家庭，由父亲监护抚养。父亲初中学历，自由职业，经常不在家，所以基本不管，小戴也表示不需要父亲管；母亲初中学历，在服装城开店，小戴有时会去跟母亲居住，与母亲交流较为正常。父母反映小戴从小患有多动症，一直没有好转，初中以后，学习没有动力，成绩较差，周末也经常和一群朋友在外混，有抽烟、打架、夜不归宿等不良现象，偶尔出去踢球。

（一）班级表现

比较自我，遇事也比较冲动；脏话不离口，经常跟同学发生言语冲突，还顶撞老师；同学关系、师生关系较差；做事比较懒，自己分内的事经常找理由推三阻四；认知有偏差，遇事靠狡辩来推卸责任；行为习惯较差，在校内有抽烟、未交手机等违纪违规现象；对他人抱有敌意，偏好单独行动，喜欢炫耀自己；与人相处以自我为中心，很少顾及别人的感受，比较冲动，人际关系紧张，与父母沟通较少。

（二）课堂表现

学习态度很差，上课时经常扰乱课堂纪律，表现为无法自控地随意说话，想说什么就说什么（比如“老师我的短裤湿了”“我饭卡破了”“给他吃两个巴掌”等等），有时会看课外书，作业基本不做或乱做交差；遇事经常强词夺理，经常与周围的同伴起哄、找事。

生活事件及处理（1）：有次上英语课的时候，老师发现后排有几个同学在小声聊天，第一次走过去提示他们不要再讲话，不久，小戴继续说话，老师要求他遵守纪律，否则站起来。小戴在老师的处理过程中，摔凳子、掀桌子、骂脏话，直到课后在班主任的沟通与协调下，才跟英语老师道了歉。

生活事件及处理（2）：一次实验操作课，课前老师让同学两两组队，由于小戴平时表现较差，没人愿意跟他一组，上课时老师让他和剩下的另外一个同学为一组，但小戴嫌弃那个同学动手能力太差，于是开始飙脏话。老师随即出面制止，小戴突然狂躁起来，对老师出言不逊，并用手击打墙壁。考虑到课程还要继续，老师想将他请出教室，小戴傲慢地说：“老子今天出去就不姓戴！”此时，班主任听到声音也来到了教室，看到小戴如此激动，就叫他去办公室冷静一下。小戴把书往地上一扔，就边随口说脏话边走出教室，到走廊上，又用自己的拳头击打墙壁，发泄情绪。

班主任老师让小戴在办公室冷静，下课后，用云南白药气雾剂处理小戴砸红的手，接着和小戴母亲取得联系，让她尽快带孩子去医院拍片，看看有没有伤到骨头；拍片确定是手掌骨裂，就让小戴在家好好养伤，并向学生处报备该事件。之后，老师也多次电话联系家长了解情况，周末也进行了家访探望。

教育反思：在平时教育管理过程中，小戴同学确实是一个不省心的孩子，转变难度较大，而造成他身上的这种习性和原生家庭的教养有着莫大的关系。虽然老师从他的兴趣爱好出发，组织了足球比赛等活动发挥他的特长，但是活动一结束，他的行为和心理状态又回到原点。对此，小戴的老师们从未放弃，一直在寻找孩子成长的支点。

（三）案例点评

喜欢足球，喜欢在同伴面前描述练习足球过人技术和减脂增肌的体能训练，对自己的体型和足球技术有过高要求；比赛时对队友和老师时常不满，觉得队友不配合，认为前锋只有自己一个，后方没有人传球给他，是凭自己一个人的实力赢得的比赛，因此被老师责怪只会秀个人技术，不会战术配合；另外，总是感到自己缺钱。

二 心理体检评估

（一）艾森克个性测验（耗时 00：12：55）

精神质（P）：提示被试好独身，不关心他人；缺乏同情心，感觉迟钝，对人抱有敌意，对亲友也是如此；喜欢一些古怪的不寻常的事；不惧危险，喜欢恶作剧。（标准分 75）

内外向（E）：属于中间性格特征。（标准分 45）

神经质（N）：被试表现为情绪极为不稳定，对各种刺激反应都过于强烈，情绪被激发后很难在短时间内平静下来，极易焦虑、紧张、发脾气，严重影响其人际交往，容易与人发生冲突和出现各种心理问题。（标准分 70）

掩饰程度（L）：提示被试无任何掩饰。（标准分 30）

（二）SCL-90 症状清单（耗时 00：05：44）

强迫症状（中度）：不能集中注意力，脑子经常一片空白；注重自身的仪容仪表；感到任务不能完成。

人际关系（中度）：对别人的讲话比较留心，常担心别人谈论自己；经常会感到别人不理解自己，不认同自己。

抑郁（中度）：有时精力下降，对事物不感兴趣，不抱希望，孤独感增强，感到苦闷，想结束自己的生命。

焦虑（中度）：神经过敏，不踏实；经常遇事会坐立不安，容易感到紧张；常感到熟悉的环境很陌生。

敌对（重度）：容易烦恼和激动，不能控制地大发脾气，有想打人或伤害他人的冲动；有想摔东西或砸东西的冲动；经常与人争论。

恐怖（中度）：怕单独出门，因为害怕，会回避一些事物。

偏执（重度）：感到大多数人不可信，经常责怪别人制造麻烦来针对自己，怀疑性明显。

（三）父母教育方式评价量表（耗时 00：05：23）

提示被试父母在教育子女过程中，总是使用过分严厉和惩罚的教育方式，严重干涉被试的事情，极易采取拒绝和否定态度教育被试，不能以理解的态度和温暖的情怀教育被试。

（四）家庭环境量表（耗时 00：04：34）

亲密度：提示被试家庭成员之间不能兑现相互承诺，相互不能帮助和理解，亲密度不够。

情感表达：家庭成员之间不能直接表达自己的情感。

矛盾性：家庭成员之间非常愿意公开表露愤怒的情绪、攻击倾向和矛盾性。

独立性：家庭成员之间缺乏相互尊重和自尊，独立行事能力不足，依赖性强，自信心不足。

成功性：家庭成员之间没有自己追求的目标，上进心不足，缺乏成功体验。

知识性：对各种政治、社会、文化活动没有兴趣。

娱乐性：不喜欢甚至厌倦社会交往和娱乐活动。

组织、控制性：家庭安排组织性、结构性混乱，控制性较强，重视规矩意识。

三 归因分析

首先，自我意识发展障碍。进入青春期之后，青少年的自我意识逐渐发展，但小戴同学因为多动、冲动的原因，经常被否定和指责，自我意识统一的过程受到了阻碍。小戴的成长环境和情绪问题，也导致他在与同学相处的过程中以自我为中心，考虑不到他人的想法，内心比较孤独、空虚，形成了抽烟、沉溺手机、打架等不良行为。存在不合理的认知，不能承担责任，导致人际关系糟糕。

其次，家长教养方式不当。在此案例中，父母离异，对小戴同学或多或少产生影响。由于与父亲的沟通较少，缺少成年男性的教育和引导，没有家长的约束，小戴长期以来需要自己面对同学冲突或同伴交往的挫折，逐渐形成了暴躁的脾气，较弱的自我控制能力和敌对、偏执的人格特征。

四 干预策略建议

第一，强化家庭教育。家长的身教重于言传，青少年往往通过观察学习习得行为，家长自身如果做暴力示范的话，子女也会倾向于用暴力解决问题。家长要营造和睦、热情、民主、开明的家庭氛围。在日常生活中，也要注意和子女的沟通交流，增强家庭凝聚力。关注孩子的日常言行，观察孩子与同伴交往的细节，减少用粗暴的方式解决问题。

第二，采用行为疗法。行为主义者认为，学习是刺激与反应之间的连接，把环境看作刺激，把随之而来的行为看作反应，认为所有行为都是习得的。老师可以与小戴同学达成约定，在规定的时间内慢慢减少说脏话和发脾气的次数，在冲突现场，也可以通过放松技术，让小戴同学快速冷静下来。

第三，推进个别辅导。首先是耐心聆听，让小戴同学倾诉内心的心事和烦恼，给予时间和空间来讲述自己的心情。其次是暗示，通过积极暗示增强小戴同学的勇气、快乐等，发掘小戴身上的优点，让他树立信心，克服自己的问题。最后是学会换位思考，在说脏话和肢体攻击的时候，能慢慢学习站在对方的角度体会对方的心情，可以通过角色扮演等方式让其领悟到自己的行为会伤害对方。

第四，给予赏识，扬长补短。小戴同学存在着容易冲动、脾气比较大的缺点，但是不能因此就被贴上标签，遭到老师和同学的歧视。及时给予激励性的赏识，例如，踢球过程中肯定其体型和体力的优势，也可以在这个过程中培养他的团队合作精神。用老师的爱心去换取小戴的信任，重新唤起他的自信，使其摆脱不良习惯的束缚。正如苏霍姆林斯基所说："在每一个孩子心中最隐秘的一角，都有一根独特的琴弦，拨动它就会发出特有的音响，要使孩子的心同我讲的话产生共鸣，我自身就需要同孩子的心弦对准音调。"

危机案例分析

看不见的焦虑与痛苦

一 个案基本情况

小李，男，16岁，就读于某中学九年级，某市城郊接合部居民。父亲承包钓鱼场，母亲从事菜场个体营业，父母均为初中学历，家庭完整。小李小时候主要跟爷爷奶奶一起生活，父母因工作原因很少管孩子。亲子关系一般，平时沟通也不多，偶尔也会到钓鱼场去帮父亲干点活。爷爷奶奶对小李比较宠溺，也很少管教，导致小李任性、暴躁、不尊重长辈。小李假期经常外出与社会不良青年混在一起，抽烟、打架、夜不归宿等不良行为时有发生。所以，父母对孩子的期望很简单，就是改掉不良习惯，做一个守法的公民。

（一）班级表现

学习态度一般，有学习能力，缺乏学习动力，成绩偏下。在班主任的监督下，基本能服从班级管理，同伴关系尚可，有时会与任课教师发生冲突。

生活事件及处理：在一次数学课上，小李中途借口上厕所，却去宿舍睡觉，被老师发现后，他起来清洗衣服，不服从老师管理。一次上课迟到，任课老师让其在教室后面站一会儿，结果他就一屁股坐在地上，不久便用拳头砸墙，任课老师只能劝他不要做过激行为，先让他去办公室冷静一下。课后，老师与小李沟通，他不但不听，反而大闹办公室，老师随即将其交与学生处处理。

老师一开始采取约谈的措施，在办公室对小李进行静思教育，但小李始终认识不到自己的问题，情绪较为激动，把责任归于他人。随后请家长到校协助处理并带回家反省。

（二）课堂表现

在学校期间，扰乱课堂纪律，老师指出其问题后，多次与任课教师发生冲突，顶撞老师，在处理过程中与老师对抗，不承认自己的错误，把责任推卸给同伴，同伴也迫于他的强势，不得不承认。

（三）案例点评

在心情日记中没有可参考价值的文字信息，尽是一些宣泄情绪的涂鸦。与心理老师沟通时，具有一定的防御性，始终展现自己阳光的一面，乐于交流，但主题转移较快，有自己的想法，自嘲是在防御。情绪不够稳定，易与管教他的人发生冲突。

二 心理体检评估

（一）艾森克个性测验（耗时 00：05：27）

精神质（P）：古怪、孤僻，对同伴和动物缺乏感情，不关心他人，易攻击、仇视，即使对很亲近的人也如此，缺乏同情心和是非观念，爱钻牛角尖，形成的观念不易改变。（标准分 65）

内外向（E）：表现为比较内向、成熟的性格特征，可以与同伴交往，给人以可靠的印象。（标准分 40）

神经质（N）：表现为典型的情绪不稳定，对各种刺激的反应过于强烈，情绪激发后很难在短时间内平静下来，极易焦虑、紧张、发脾气，强烈的情绪反应影响其与他人的交往，容易与人发生冲突，睡眠不安，容易出现各种身心问题。（标准分 65）

掩饰程度（L）：被试无任何掩饰倾向。（标准分 25）

（二）SCL-90 症状清单（耗时 00：04：11）

强迫症状（中度）：反复做的动作明显增多，一天中有几个时段忘性大，注意力不能集中，头脑一片空白，难以做出决定，难以完成所做事情。

人际关系（中度）：对别人讲话比较留心，常担心别人会议论自己，有时会感到别人不理解、不同情自己。

抑郁（轻度）：偶尔会感到精力下降以及孤独、苦闷，感到事情比以前难做。

敌对（极重）：容易烦恼和激动，不能控制地大发脾气，有想打人或伤害他人的冲动，有想摔坏或破坏东西的冲动，大叫或摔东西。

偏执（中度）：性格固执；有时会有敌对性，不轻易相信他人。

精神病性（中度）：经常有幻听，总感觉有人找事，感到别人能控制自己的思想，感到自己的身体有严重问题。

三 归因分析

首先，以自我防御机制来掩盖心中的焦虑。小李同学生活中存在许多不良行为，与他人发生冲突也会让自己感到焦虑和痛苦，但是为了应对这些潜在的冲突和危险，逐渐形成自我防御机制，让这些不愉快的事情藏起来，不去想起，从而减少自己的痛苦。

其次，父母采用忽视型的教养方式，放任孩子发展。这种教养方式的父母不关心孩子的成长，他们不会对孩子提出要求和设立行为标准，对孩子冷漠，缺少对孩子的教育和关爱。孩子自控能力差，对一切都采取消极的态度，还会有其他的不良心理特征。同时，与小李长时间相处的爷爷奶奶对小李过分宠溺，导致孩子不懂礼貌、难以约束和不服管教，甚至出现欺凌同学和自我伤害等不良行为。

最后，缺乏自我效能感和自控能力。小李同学从小生活在爷爷奶奶给予的舒适圈中，很少经历风吹雨打，也很少自主地去完成一些活动和任务，因此，未能通过一些活动和事情提升对自己能力的肯定。同时，爷爷奶奶的宠溺与放任也让孩子缺少自我管理的机会，家人对他没有要求与期待，致使他根本不用约束与控制自己，这种自控力的缺失从日常生活也延伸到学习生活上。

四 干预策略建议

第一，直面冲突根源，减少内心矛盾。心理分析理论认为，自我防御机制是压抑内心的矛盾和冲突，而解决方法就是认识到冲突的真正根源，再对其行为和反应进行改善，即帮助小李同学认识到自我防御之下的内心冲突，是自己不适应的行为和情绪反应所致，进而更好地减少不良行为的产生，用适应行为取代。

第二，联系家长配合，改善教养方式。老师可以积极引导家长，让父母认识到他们在孩子发展过程中的重要作用。父亲可以建立权威型形象，采用严格的教养方式，对小李提出合理的要求并谨慎地说明要求其遵守的理由，保证孩子能够心服口服地遵从指导，长时间的遵循会让孩子在生活的其他方面也给自己立下清晰的规矩并贯彻始终；母亲可以是民主型，保持引导和帮助的立场，以友好、温和的态度对待孩子，和孩子共同确立合理的进步目标。权威和民主两种方式相结合，让小李同学既能感受到来自家庭的温暖和关怀，又能接受父母提出的要求和抱有的期待。

第三，树立信心，增强自制能力。小李同学缺乏学习动力，有可能是缺乏自信，家长可以在孩子帮忙干活的时候，对孩子的认真和辛苦付出给予鼓励和奖赏；老师也应在小李同学能够服从管教和学习态度转好的时候，给予其充分的肯定。从生活方面入手，再扩大到学习方面，让他逐步建立信心，从而在学校也能和同学融洽相处，学习方面也能产生兴趣和信心。

第四，强化适应行为，减少不良行为。当小李同学能够做出一些服从管理、和平与同学相处的适宜行为时，应及时给予孩子积极的评价，让其明白这样的行为不仅是对的，而且能获得老师和同学的认同，从而增加适应行为的产生；对于上课迟到、顶撞老师和一些过激行为，可以不给予关注，不批评也不责骂，先让小李同学冷静下来，让其认识到这种行为并不能引起别人的注意，更不能构成伤害，使这种不良行为逐渐自行消失。

危机案例分析

双向女孩

一 个案基本情况

小 X，女，15 岁，有一同胞妹妹在老家由爷爷奶奶带。父亲大学学历，母亲在某企业从事会计工作，大专学历。家庭完整，父母婚姻状态良好，家庭氛围较为民主、和谐，父母对孩子的期望是平安健康就好，学习上尽自己的能力去做，态度好就行，小 X 也愿意与父母商量处理学习和生活问题。父亲因为长期出差，与孩子沟通较少，易起冲突，父女关系有点紧张。平时与母亲沟通较多，关系融洽。

生活事件及处理：既往史（转学前）

2019 年 11 月上旬，自残行为，就医诊断结果为重度抑郁加重度焦虑（失恋以及同伴孤立导致情绪失控）。

2019 年 11 月下旬，睡眠问题，转诊某市精神疾病专科医院诊治，诊断结果同上，医生建议住院治疗，本人不同意。

2020 年 5 月，因状态不佳，遂由奶奶陪同到某市精神疾病专科医院住院治疗，其间因不愿住院，日常行为和各项测试都特意往好的方向表现，6 月出院。

2020 年 7 月，吞了两瓶治疗药物，尝试自杀，然后在意识清醒的情况下给朋友打电话，让朋友帮忙叫救护车，进行了强制洗胃。

2020 年 9 月，由母亲陪同到某市精神疾病专科医院配药。

2020 年 10 月，去某市精神疾病专科医院复查、配药，医生初步诊断为双相情感障碍，但未做量表测试。

（一）班级表现

能尊敬师长，与同学也能友好相处，比较内向，几乎没有笑脸，时常会发呆，偶尔会情绪失控，突然哭泣。

生活事件及处理：新学年开学第二周，与同学发生口角，很在意同伴对她的评价，导致情绪冲动。第三周回校前一晚，在家割腕，幸未发生严重后果，家长未觉察，到校后主动告诉老师。

老师将情况告知家长，并带到医务室处理伤口，因伤口比较浅，在办公室安抚稳定情绪后，心理老师介入干预。在心理体检完成后，心理老师发现其问卷上的自杀、自残得分偏高，随即找小 X 进行访谈。小 X 未否认有自残的念头，并主动给老师看手上割过的伤痕，说是与家人关系不好才割的。老师即时初步应急干预后，与班主任取得联系并了解情况。

（二）课堂表现

学习基础较差，但态度较好，日常作业在不讲究质量的前提下，基本能按时完成。课堂上不会干扰他人，比较文静，但眼神呆滞。

（三）案例点评

抑郁起因：在原校从七年级开始，因成绩差与同学关系不太好，不受同学待见，同学们抱团孤立她。尤其是八年级时，一次跑步不小心踩到同学，被同学认为是故意的，小 X 随即进行申辩，因情绪失控发生过激行为，导致其他同学认为一定是她故意的，从而更加孤立她。在原校有多次不去上学、极度厌学情况发生，理由是班级同学在言语上刺激她、针对她、排斥她。长期遭受校园暴力、欺凌，心理上极度自卑，给小 X 情绪控制带来了极大的影响。

有一个交往了四年的异性朋友，但小 X 发现自己被“劈腿”了，这件事给其情感上带来了又一次的伤害。小 X 表示，希望所有人都接受并喜欢她，所以非常在意别人的看法，这也让她变得非常敏感，会出现内容为“同学议论”的幻听，然后就会突然心情变坏，情绪失控甚至想自杀等。

二 心理体检评估

（一）艾森克个性测验（耗时 00：08：09）

精神质（P）：古怪、孤僻，对同伴和动物缺乏感情，不关心他人，缺乏同情心和是非观念，爱钻牛角尖，形成的观念不易改变。（标准分 60）

内外向（E）：典型的内向性格特征，喜欢安静，不喜欢接触较多的人，与人交往保持一定的距离，考虑问题瞻前顾后，言语较少；对他人的话较敏感，行为孤僻。（标准分 25）

神经质（N）：表现为典型的情绪不稳定，对各种刺激的反应过于强烈，情绪激发后很难在短时间内平静下来，极易焦虑、紧张、发脾气，强烈的情绪反应影响其与同伴的交往，容易与人发生冲突，睡眠不安，容易出现各种身心问题。（标准分 70）

掩饰程度（L）：被试无明显的掩饰倾向。（标准分 50）

（二）SCL-90 症状清单（耗时 00：08：44）

躯体化（中度）：经常有头晕、头痛、恶心、胃部不适、心慌、胸闷、疲乏、虚弱等躯体不适的感觉。

强迫症状（中度）：反复做的动作明显增多；一天中有几个时段忘性大，注意力不易集中，头脑一片空白，难以做出决定，难以完成所做事情。

人际关系敏感（重度）：很少与异性交往，感情非常容易受伤，常有自卑感，时常感到比不上他人，对别人评价非常在意，有时显得神经过敏，偶尔会出现被动攻击，影响其人际关系，朋友较少。

抑郁（极重）：总是过分担忧，感到自己没有什么价值，常有结束自己生命的念头，自觉精力下降严重，容易哭泣伤感，觉得异常苦闷、孤独。

焦虑（重度）：经常神经过敏，忽然感到一阵阵恐惧，浑身发抖，心跳得很厉害。

敌对（中度）：有时会烦恼和激动，不能很好地控制自己的脾气和情绪，会与人争论，有想破坏东西的冲动。

恐怖（重度）：无法单独出门，害怕在陌生的公共场所独处，怕乘快速的交通工具，总是刻意回避使自己感到害怕的东西。

偏执（重度）：不信任别人，经常怀疑别人在监视自己，内心紧张、害怕，愤愤不平，有一些别人没有的想法或念头，影响正常的学习、生活。

精神病性（重度）：经常有幻听，觉得自己的思维被别人控制，别人能知道自己的思想意念，认为自己应该为自己的过失而受到惩罚。

三 归因分析

首先，自卑引起消极的图式和信念。贝克的认知理论认为，每个人都有各种各样的图式，这些图式规范着自己的生活。小 X 由于和父亲关系紧张、同学关系较差、男友“劈腿”等发展出消极的图式，心中充满了自我否定和悲观消极的思想，因此，在和他人相处时，这些消极图式就会自动发挥作用，使小 X 时常陷入无意义感的深渊。

其次，在意别人评价，形成歪曲认知。歪曲的认知使小 X 不能真实地认识现实世界，认知歪曲和消极图式相互作用，进一步加深了消极的倾向。过于在意别人的看法，使小X总认为同学的窃窃私语是在议论她自己，从而更加孤僻，形成恶性循环，并发展出贝克提出的所谓“消极的三联征”，即负性的自我观、世界观和未来观。

再次，自我认识不足。有些青少年不能客观正确地认识自我，仅根据一些片面的成绩和结果来进行自我评价。例如，学业成绩无出色表现就妄自菲薄，觉得自己才智水平不如他人，导致对整个自我认识消极。小X常常因为别人的评价就认为自己不够优秀，甚至认为别人欺凌、孤立她，更加不愿与人来往。

最后，行为主义认为，抑郁是消退的结果，是指某种行为一旦不再被强化，个体再表现出这种行为的概率就会逐渐减少甚至消失。小X因从小到大的良好表现很少得到父亲的肯定和赞扬，逐渐失去自信，情绪变得低落，对其他事物也失去兴趣，从而时常表现出发呆、没有笑脸、人际交往敏感等等。

四 干预策略建议

第一，解除压力，预防自杀。首先，家长应该积极配合医生的治疗，不轻易给孩子的情况下定论，也不随意停药。其次，家长应该多多陪伴孩子，善于了解孩子的内心活动，及时开导孩子，帮助孩子解决实际难题（如稳定情绪，恰当宣泄情绪和进行心理咨询等）。最后，家长也需要主动和学校说明情况，家校配合留心观察孩子的“蛛丝马迹”，及时有效遏制其自杀意念。

第二，用补偿心理超越自卑。补偿心理是一种心理适应机制，是为了克服心理上的自卑而发展自己其他方面的长处和优势。正是因为这样的心理机制，很多成功人士往往心里越自卑，寻求补偿的愿望就越大，自卑感也就成了通向成功的动力。父母可以多多陪伴孩子参加各种各样的活动，帮助孩子发现自己的爱好和特长，将孩子的注意力转移到自己擅长的方面，而不是关注别人的看法。

第三，管理情绪，改善认知，做自己的主人。老师可以布置情绪日记，让小

X 以日记的形式记录下自己的情绪，其中包含两个部分：一是什么情绪；二是这个情绪的导火索是什么。在写情绪日记的时候，要思考真正的“情绪诱因”，让学生认识到自己的消极情绪更多是由消极认知引起的，引发学生积极寻找解决方法，通过这种方法慢慢改变自己的歪曲认知，将消极情绪慢慢减少，将积极情绪储存起来。

第四，用实际行动建立自信。建立自信最有效的方法就是直面自己害怕的事，坚持到成功为止。小 X 可以从改变青春期外在形象开始做起，例如，昂首挺胸，快步行走，通过改变行走的姿势和速度在不经意间调整心境；正视别人，学会微笑，与人交流时正视他人眼神，代表积极的心态，对他人保持微笑不仅能改变自己的消极情绪，也能增加别人对自己的好感；练习当众发言，这是培养胆量和自信的途径，可以先通过小组发言到课堂发言，再到课堂朗读、演讲等。在这些微不足道的小事中逐渐增强自己的信心。

第五，给予温暖，提高自我肯定。老师可以创设展示自我的机会，让学生感觉到自己在班级中的重要性。老师要看到小 X 身上的闪光点，积极发挥学生的主体地位，引导学生在课堂上勇于发表自己的见解，并带动其他同学对她的发言加以肯定。有了老师和同学的肯定，她也会更加认真地投入学习，也能改变对其他同学的消极看法。

危机案例分析

多疑的小沈

一 个案基本情况

小沈，女，16 岁，就读于某职校高一年级，单亲家庭，父亲在其小学三年级时意外去世，对其打击较大，母亲初中学历，未再婚，从事美容工作，对孩子有一些要求，但呵护有加。因小沈过于敏感，不太适应高中生活，母亲也不知道该用什么方法对待孩子的错误，经过老师和家长多次沟通后，有所好转，不过小沈在生气时，还是会无意识割、刮手腕，情绪难以控制。

（一）班级表现

在校同伴关系一般；私藏手机、早恋、说谎等问题时有发生，对老师有一定的戒备心理，遇到问题时比较抵触老师的教育。

（二）课堂表现

上课纪律较好，但经常注意力不集中，如独自玩头发、笔等，作业完成质量较差，基本属于应付完成，成绩一般。

生活事件及处理：体育课上，因懒散影响课堂教学而被老师批评。课后在班主任办公室，其与任课老师沟通过程中，言辞过激，情绪激动，并用指甲抓伤自己手腕处。

班主任看到学生情绪异样，随即将其带到隔壁空的办公室进行沟通疏导，告诉她该节体育课讲解中涉及动作安全注意事项，需要每个人认真听讲，老师也是为了大家的安全才有所要求的。小沈情绪平稳后，自行与体育老师交流，为自己不遵守课堂纪律的行为和过激的言语道歉。

（三）自我反馈

初中时有个“男朋友”，现在分手了，暑假发现他“劈腿”，有了新的女朋友，如果听到“前男友”为现在的女友做了什么事情，就会控制不住自己，会莫名其妙地哭，没办法平静，觉得很烦，然后就会自残。发现自残可以让自己快速平静下来，后面就会不自觉地抠自己。感觉坏情绪在影响我的生活，别人一点点眼神和话语都会让我难过很久，感觉自己的坏心情会影响到别人，怕别人和我一样不开心，总感觉自己在等死。最近遇到了一个很喜欢很喜欢的人，惊讶地发现他也喜欢我，希望这会成为一个真的惊喜，在以后的日子里治愈我。

二 心理体检评估

（一）艾森克个性测验（耗时 00：06：36）

精神质（P）：提示被试的精神质在正常范围内，能与其他人正常交往，无明显固执、古怪、麻烦等表现，能善待其他人，会关心他人，表现出一定的同情心和人道主义精神，人际关系较好。（标准分 55）

内外向（E）：表现为比较外向的性格特征，平时乐意与人讲话，讲话较一般人为多，在人多的场合时比较兴奋。保持较乐观的态度，喜欢探索而不冒险。下决心可以控制自己的情绪，回答问题较快。可以一个人做事情，但欠踏

实。（标准分 60）

神经质（N）：表现为典型的情绪不稳定，对各种刺激的反应都过于强烈，情绪激发后很难在短时间内平静下来，极易焦虑、紧张、发脾气，强烈的情绪反应影响其与他人的交往，容易与人发生冲突，睡眠质量差，容易出现各种身心问题。（标准分 70）

掩饰程度（L）：提示被试无任何掩饰倾向，所回答的问题真实可信，行为纯朴，言行一致，容易袒露自己的内心体验。（标准分 35）

（二）SCL–90 症状清单（耗时 00：08：39）

躯体化（重度）：躯体症状明显，如头痛、腰痛等加剧，情绪烦躁不安；浑身无力。

强迫症状（重度）：每天有 4—6 小时重复某些动作，影响日常生活学习，忘性大，不能集中注意力，不能摆脱头脑中不必要的想法，做事难以做出决定。

人际关系（中度）：对别人讲话比较留心，常担心别人会议论自己，有时会感到别人不理解、不同情自己。

抑郁（中度）：有时感到精力下降，对事物不感兴趣，对前途失去信心，孤独感增加。

焦虑（中度）：常无缘无故地感到害怕，心跳得很厉害，觉得所熟悉的环境都变得陌生，但过一会儿会有所缓解。

敌对（中度）：有时会烦恼和激动，不能很好地控制自己的脾气和情绪，会与人争论，有想破坏东西的冲动。

恐怖（重度）：无法单独出门，害怕在陌生的公共场所独处，怕乘快速的交通工具，总是刻意回避使自己感到害怕的东西。

偏执（重度）：不信任别人，经常怀疑别人在监视自己，内心紧张、害怕，愤愤不平，有一些别人没有的想法或念头，影响正常的工作与生活。

精神病性（重度）：经常有幻听，觉得自己的思维被别人控制，别人能知道自己的思想意念，认为自己应该为自己的过失而受到惩罚。

三 归因分析

首先，父亲突然去世引发的创伤。创伤后应激障碍，是指在经历了异乎寻常的威胁性或灾难性的应急事件或情境后，引起精神障碍的延迟或者长期持续存在。主要表现在反复体验创伤事件、回避有关刺激或情感麻木、警觉性增强；其他的表现也会出现内疚和自责，可能会出现害怕、担心、失眠和行为变化等。父亲去世对于小沈来说打击较大，从而担心、敏感，甚至产生自己也活不了多久的念头，由此总是出现自伤或自残行为。

其次，挫折经历形成自卑心理。小沈可能认为恋爱可以弥补来自父亲的情感体验缺失部分，但幼稚的青春期恋情遭遇挫折，小沈被“劈腿”了，这让她产生了非常强烈的不良情绪，灰心丧气、心情低落。同时，没有对挫折进行正确的归因和适当的情绪调节，导致小沈长期处于不良情绪之中，不能听到“前男友”的相关事件，会觉得是自己不够好，进而出现自我否定和自卑心理。

最后，个人因素习得不适应的应对方式。由于从小在母亲的保护下长大，小沈有一颗玻璃心，别人的一点点眼神和话语就会让自己非常难受，抗挫折能力较低，遇到不顺心的事情就会出现情绪失衡。情绪反应过激，只能通过自我伤害来让自己内心冷静下来，久而久之，小沈会认为自伤反而是一种能够保护自己的方式。于是，小沈要么情绪低落，对任何事物不感兴趣，要么情绪波动较大时用抠自己来平静，这两种极端的方式都会让小沈更加极端，适应环境能力变得更差。

四 干预策略建议

第一，及时干预和治疗，减少自杀自伤行为。家庭、学校及亲友要给予精神上的安慰和物质上的支持。要引导孩子定期接受专业心理咨询治疗，及时对孩子的不良心理问题和自残行为进行干预并密切进行追踪观察，以防止再度发生自伤行为。

第二，提高自身心理耐挫力。从小沈难以走出失恋困境可以看出，小沈承受挫折的能力不强，很容易受到事情消极面的影响，从而产生自伤行为。因此，小沈需要学习合理的情感宣泄技巧，建立起正确的自我防御机制，遇到挫折能够适当改变策略或者降低目标，重新选择合适方式作为替代，再或者从别的方面获得成功来给予补偿，也可以找别的理由进行自我安慰。通过这些方式接纳自我，接受现实，减小挫折对自己造成的打击。

第三，正确评价，正视自己。父母和老师是最能够给予孩子鼓励和支持的人，父母和老师要对孩子平时的表现做出正确的评价。特别是孩子失败时，要加以鼓励和引导，帮助孩子总结经验，让孩子不论在家里还是在学校都能够感受到温暖。准确全面的评价能让孩子既能看到自己的不足，也能看到自己的过人之处，面对失望和困难也就能采取积极向上的态度，不再轻易否定自己。

第四，知行结合，改变不良情绪。首先，合理情绪疗法让孩子认识到不合理情绪是由自己不合理的认知引起的，改变自己的歪曲认知，从根源上改变对事件的看法，减少不良情绪的发生。其次，教给孩子合理的情绪宣泄方式，例如，与家人和朋友分享自己的烦恼，求助他人解决困难，减少不良情绪；通过做运动等方式使身体处于应激状态，可以分泌多巴胺，给人传递兴奋和开心的信息，这也是排解负性情绪的方法之一。让孩子不仅从认知上改变对负性事件的信念，还能从外在的行为上积极调整和改善自己的不良情绪。

第五，建立正确的异性交往价值观。小沈非常希望获得他人的赞同和喜爱，尤其是来自异性的认同和爱，且小沈未必能意识到对异性交往的热切中有一部分是青春期性萌动，更重要的是潜意识中对父爱缺失的弥补心理。这个心理需求导致小沈的自信依托于“男友”，而“男友”是不可控、不稳定的因素。心理老师可以通过性心理辅导，引导小沈认识到自信只有源于自我才是可靠的、稳定的。通过辅导，小沈也可以树立正确的异性交往观，掌握一些正确的异性交往方式，为后期的认知调整打下基础。

危机案例分析

“孝顺”的娜娜

一 个案基本情况

娜娜，女，15 岁，家庭完整，父母均为高中学历，父亲自由职业，母亲为某企业职工。父亲有重男轻女观念，基本不管孩子，因此，娜娜一直和母亲、外婆、舅舅一家一起生活，属于典型的“丧偶式”家庭。

因为长期与母亲生活，对母亲依赖性很强。母亲很坚强，也要求孩子遇到困难要自己解决。娜娜很想让母亲满意，但总达不到母亲的要求，无形中增加了她的心理负担，唯恐哪里做错了，压抑久了就会暴躁，有时会选择割腕，有时会用手击打墙壁。

生活事件：在娜娜小学三年级时，父母吵架发生肢体冲突，娜娜目睹了严重的流血事件。现在非常害怕黑夜，睡眠差，容易惊醒。

既往史：有三次前往省级医院精神卫生科就诊的经历，从轻度抑郁到第三次诊断为重度抑郁，长期配有三种药物。

（一）班级表现

在校能遵守校纪校规，尊敬师长，同伴关系较好，品行端正，是班主任的好助手。内心敏感，不主动交流，不会处理情绪。

（二）课堂表现

学习态度较端正，学业水平一般；上课认真、专注，回答问题声音较轻，完成作业非常仔细。

（三）案例点评

觉得和家人沟通存在问题，需要寻求帮助；觉得同学的一些做法让自己感到困惑；睡眠差，有头痛、耳鸣、胃口差等现象，有过自残情况，也曾想过自杀；阐述事情比较细腻、具体，积极正向，哪怕有不开心的事，自己会尽快调整。

二 心理体检评估

（一）艾森克个性测验（耗时 00：05：49）

精神质（P）：提示被试的精神质在正常范围内，能与其他人正常交往，无明显固执、古怪、麻烦等表现，能善待其他人，会关心他人，表现出一定的同情心和人道主义精神，人际关系较好。（标准分 50）

内外向（E）：表现为比较内向的性格特征，尽量给自己一个安静的环境，可以与他人进行交往，但主动性较差，做事情三思而行，尽量不到热闹的场合中去，不喜欢抛头露面，比较踏实，给人以可靠印象。（标准分 40）

神经质（N）：表现为典型的情绪不稳定，对各种刺激的反应都过于强烈，情绪激发后很难在短时间内平静下来，极易焦虑、紧张、发脾气，强烈的情绪反应影响其与他人的交往，容易与人发生冲突，睡眠不安，容易出现各种身心问题。（标准分 70）

掩饰程度（L）：提示被试存在明显的掩饰倾向，所回答的问题欠真实，很少

袒露自己的内心体验，有时表现为程度高低不一。（标准分 60）

（二）SCL-90 症状清单（耗时 00：04：44）

躯体化（中度）：经常有头晕、头痛、恶心、胃部不适、心慌、胸闷、疲乏、虚弱等躯体不适的感觉。

强迫症状（中度）：反复做的动作明显增多，一天中有几个时段忘性大，注意力不能集中，头脑一片空白，难以做出决定，难以完成所做事情。

人际关系（重度）：很少与异性交往，感情非常容易受到伤害，常有自卑感，总感到比不上他人，在公共场合感到很不舒服。但对别人的评价非常在意，有时显得神经过敏，偶尔会表现出被动攻击，影响其人际关系，朋友较少。

抑郁（中度）：有时感到精力下降，对事物不感兴趣，对前途失去信心，孤独感增加。

焦虑（中度）：常无缘无故地感到害怕，心跳得很厉害，觉得所熟悉的环境都变得陌生，但过一会儿会有所缓解。

敌对（轻度）：偶尔有想摔坏或破坏东西的冲动，有时不能控制自己的情绪。

恐怖（中度）：不敢在黑暗中独处，怕单独出门，因为害怕，会刻意回避某些事物。

偏执（中度）：怀疑性明显，不轻易相信他人，常感到别人想占自己的便宜，对自己的成绩没有做出正确的评价。

精神病性（中度）：经常有幻听，感到别人能控制自己的思想，感到自己的身体有严重问题，感觉孤单。

（三）生活事件心境筛查

最近几周，有几天感到心情低落、沮丧或绝望；有一半时间做事提不起兴趣。

三 归因分析

首先，环境因素的影响。抑郁的产生很大一部分是源于环境因素。娜娜的家庭支持很弱，父亲的重男轻女、情感冷漠、长期缺位，母亲的强势和决绝，都让娜娜感受不到温暖，缺乏安全感，使娜娜被迫以“孝顺、懂事”的正面形象尽力维系父母关系。娜娜生活在一个大家庭，由外婆和舅舅一家组成的家庭成员的复杂性，让娜娜时常会感受到来自各方的评价和影响，变得非常敏感和脆弱。十岁时父母冲突的流血事件成为娜娜的应激事件，且没有及时的心理疏导，为娜娜的青春期重度抑郁埋下了隐患。

其次，个体人格也是影响发展的重要因素。并不是所有来自复杂家庭的孩子都会抑郁，娜娜的情绪问题还来自人格因素。艾森克个性测验结果显示，娜娜的精神质中情绪不稳定，反应激烈，焦虑。娜娜长期与性格坚韧且情感表达能力缺乏的母亲生活，她的自我期望、自我评价等问题得不到很好的引导和鼓励，导致娜娜过度依赖他人对自己的评价，自我意识建立不全，影响到其日常生活与人际交往，在同伴交往过程中自我评价较低，表现出不自信和自卑，是娜娜罹患重度抑郁的又一个重要原因。

最后，是个体的归因风格与抑郁之间有着很大的联系。归因的方式可以作为预测抑郁发生的指标，正性事件的归因可以帮助改善抑郁情绪。娜娜虽然也会有正向信念，但负向信念占大多数，且娜娜会把他人的行为归因为总想占自己的便宜，这种不可控且稳定的归因方式不仅会导致抑郁，还会导致强迫或者焦虑。

四 干预策略建议

第一，采用认知行为疗法。进行心理干预时，应先与娜娜建立信任关系，找到导致其抑郁症发病的原因，如环境因素和自我因素。认知行为疗法的内容在于鼓励来访者呈现出自己的抑郁情绪，转变对疾病的了解（心理生病就像我们平时感冒了一样，每个人在某一个阶段会经历到），改变归因方式，克服别人对自己评价的影响，逐渐缓解压力，减少负性情绪。同时，每次辅导后可以给娜娜布置一个作业，如回家记录自己心情的日记等。心理辅导应长期进行，每周一次，每次持续 60 分钟左右。

第二，可采用放松治疗。根据娜娜的身心特点，制订有针对性的放松训练计划，注意在安静的环境下展开，并播放一些节奏舒缓的轻音乐，使娜娜放松身心。咨询师应对娜娜进行耐心的语言指导，采用诱导和启发的形式，并帮助娜娜认识到自身观点的不足之处，使其能够主动诉说身体的不适之处，建立起双向情感。

第三，培养兴趣爱好，重塑自信心。班主任或咨询师可以从娜娜较喜欢的兴趣爱好开始积极引导，以探索娜娜的最近发展区[①]。在兴趣爱好培养过程中，应及时对娜娜的合理诉求做出回应，对取得的阶段性成绩要在群体中给予充分肯定，从而触发其自我效能感的提升。同时，随着娜娜参与兴趣活动频率的增加，班主任或咨询师应及时关注其与人交往情况，并适时给予交流指导，使其增强社交能力，更好地融入同伴和感受同伴的温暖，在潜移默化中重塑自信心。

① 最近发展区是指儿童青少年独立解决问题的现有水平和在成人指导下或与同伴合作下解决问题的潜在发展水平之间的区域。

典型案例研究

一则运用问题解决治疗自我认同感的案例分析

一 个案基本情况

小斌，男，17岁，中职汽修专业高二年级的学生，专业课成绩中等，文化课成绩优异。自高一起各方面表现就挺好，特别是性格稳重，做事认真负责，所以一直担任班长。到高二以后积极性明显有所下降，近来更是上课走神，经常处于恍惚状态，处理班级事务也问题频发。

主诉：我现在越来越迷茫，每天都被一堆问题压得喘不过气来。不知道自己是不是真的适合我们专业，不知道高三要不要继续读下去，也不知道毕业后可以做什么。这个专业是爸妈让我读的，高一的时候还能按照老师要求完成各项学习，到高二以后身边的人不断在讨论分流、就业的事情，自己也面临对未来的抉择，我就更加困惑，加上高二事情越来越多，要参加学校组织的各种比赛，要准备技能节的主题摆台，现在还要参加市中职职业能力大赛等等，不知道该从哪做起，对班级事务也疏于管理，同学们好像也对我有意见了，突然感觉压力特别大。最近睡眠质量也很差，白天精力很难集中，好像什么事情都做不好了，我也不知道自己该怎么办了。

二 案例归因分析

（一）自我认同感偏低

中职生很大一部分是因为中考失利而被动进入中职就读，对学校和专业的选择也是懵懵懂懂，进入中职后在学习和生活中都面临着不同程度的心理冲突和身份认同上的困惑，就会产生自我认同危机。中职生的自我认同主要包括两个维度：一个是个体自我认同，就是对自己过去、现在、未来是谁的一种主观意识和感觉；另一个是社会角色的自我认同，就是认同当下的社会角色并乐于从事未来对应的职业。自我认同感是中职生自我发展以及适应社会的重要素质，而小斌面临的压力也就来源于自我认同感低。

（二）积极因素急需调适

小斌出现了明显的社会角色自我认同危机，这致使他懈怠于日常生活和学习，进而积攒了很多未解决的问题而爆发巨大的压力，这种压力日益增加又会加重他的自我认同危机。不过，目前小斌对自己的状态有点自知力，还存在强烈的求助意愿，因此需要老师抓住时机加以引导和挖掘。

三 辅导策略与过程

（一）辅导策略：问题解决治疗

所谓问题就是个体面对困难处境，没有即刻有效的缓解此境遇的办法。故而问题解决就是个体面对具体的困难处境时，尝试去识别、发现并创造有效的应对方法。认知行为主义认为压力事件影响着个体的身心健康，而在二者之间起关键作用的是个体能否有效或成功地解决现实生活中存在的问题。因此，它倡导较少关注症状背后的原因，而把焦点集中在问题及其解决方法上。心理学家 D ' Zurilla 认为问题解决由问题取向和问题解决类型两个相对独立的部分构成（图 1）。

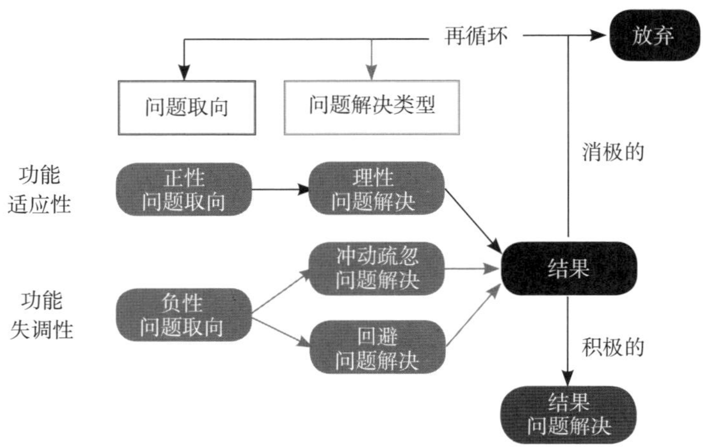

图 1　基于 D'Zurilla 五维模型的问题解决过程图

问题取向就是个体内心对生活中存在的问题以及自己解决问题能力的看法，分为正性问题取向和负性问题取向（表 1）。

表 1　问题取向

正性问题取向	负性问题取向
把问题看作挑战或机会	把问题看作威胁或危险
相信出现问题是正常的、可以解决的	因为出现问题而否定或责备自己
相信自己具有有效解决问题的能力	怀疑自己具备有效解决问题的能力
认识到有效解决问题需要时间、努力和坚持	认为问题难以或无法解决
遇到问题后采取行动去解决或面对	遇到问题后心烦意乱或逃避

问题解决类型是指个体在尝试理解生活中的问题并找出解决方法或应对策略的过程中出现的认知和行为活动，它可以分为理性问题解决、冲动疏忽问题解决和回避问题解决。

正性问题取向及理性问题解决属于功能适应性的问题解决维度，能够增加积极问题解决结果产生的可能性。负性问题取向、冲动疏忽问题解决和回避问题解决属于功能失调性问题解决维度，能够破坏或抑制有效的问题解决，导致负性的个人和社会结局。问题解决就是让个体学习正性问题取向的态度和理性问题解决的技能，通过有效解决一个个现实问题来促使个体学会采用正性问题取向，有信心继续学习理性问题解决技能。

问题解决强调按步骤进行，遵循固定的程序完成问题解决。首先，我们需要了解自己的问题取向是正性还是负性的，克服解决问题的思想和情感障碍。然后，从纷繁的生活事件中剥离出我们当下存在的所有现实问题，从中选择一个最重要、最紧急的问题设立合适的目标，再思考我们能想出多少不同的解决方法，比较这些方法后做出决定使用哪一个。最后，尝试所选择的解决方法，并评估它的效果如何。心理学家 D′ Zurilla 和 Godfried 列出了解决问题的七个具体步骤（图 2）。

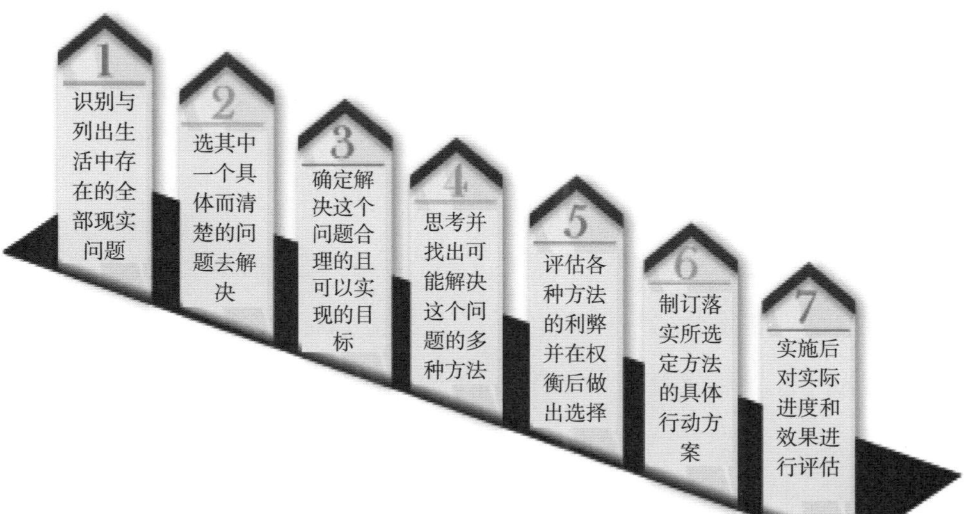

图 2　解决问题的七个步骤

（二）辅导过程

第一步：识别与列出生活中存在的全部现实问题。

引导小斌找出目前身体、生活、学习、人际交往等各方面可能有哪些现实问题需要处理和解决，把这些问题一一列出来，以便让我们清晰了解目前的总体状况。小斌列出了以下问题：

（1）睡眠不好；

（2）学校技能大赛；

（3）技能节的主题摆台展示；

（4）市中职生职业技能大赛；

（5）要不要读高三；

（6）毕业后可以做什么；

（7）班级同学关系。

第二步：选其中一个具体而清楚的问题去解决。

引导小斌根据问题的紧急情况和重要程度将第一步的问题列表排出优先顺序，再选择一个最关键或最迫切的问题优先解决。小斌选择处理的问题是：市中职生职业技能大赛。小斌意识到这个问题在时间上是当下最先要完成的，且有效解决这个问题可以增强自己对专业的认可度，从而更有意愿也更有信心解决其他问题。

第三步：确定解决这个问题合理的且可以实现的目标。

引导小斌针对第二步选择的问题设立一个客观、适度的目标。注意这个目标要定位在自己可以做什么，而不是让第三方改变的目标。你可以问自己针对这个问题我想做什么，想改变什么，如果这个问题解决了我会有什么不同。针对这个问题，小斌制定的目标是主动自信地参加市中职生职业技能大赛。小斌的目标设立为"主动自信地参赛"，是自己努力做好参赛准备，自己可以控制、可以观察到的行为，而不能将参赛结果的名次设为目标，名次有其他参赛者的不可控因素影响。

第四步：思考并找出可能解决这个问题的多种方法。

引导小斌以自己的现实处境为起点，以第三步设立的目标为终点，采用头脑风暴的方式创造性地构思尽可能多的解决办法并记录下来。这一步的任务就是多想一些方法，不用考虑所想方法的合理性、可行性以及实际效果等。思考的途径可以参考：回顾既往经历；想想或询问其他人会怎么做；网络、书籍、影视作品中介绍的方法；闭上眼睛幻想自己心中认为有能力的人会用什么方法来解决这个问题等。小斌提出了以下解决办法：

（1）加强专业技能训练；

（2）加快走路速度；

（3）咧嘴大笑；

（4）专业课上当众展示专业技能；

（5）多与专业好的同学交流；

（6）树立自信的外部形象。

第五步：评估各种方法的利弊并在权衡后做出选择。

引导小斌用决策列表的形式对第四步提出的每一个解决方法的优缺点和可行性进行评估，包括是否可行，需要投入多大的时间和精力，是否会引发其他问题等，综合权衡各个方法的利弊后选择利大弊小的一个或多个解决问题的办法（表2）。

表2　小斌的决策表格（列举部分）

潜在解决方法	优势或好处	不足或弊端
加强专业技能训练	提高专业能力、提升对专业的兴趣、获得老师同学的认同、增强自信	需要花费大量时间和精力
加快走路速度	时间自由、不花钱、建立自信、锻炼身体	和别人一起的时候显得不合群
专业课上当众展示专业技能	提升专业能力、得到老师同学的指导、表现好能提高自信	占用同学的时间、表现不好会出丑
……	……	……
选定的解决方法	加强专业技能训练、加快走路速度、咧嘴大笑	

第六步：制订落实所选定方法的具体行动方案。

引导小斌针对第五步选定的解决问题的方法，制订一个具体的行动计划，包括什么时候、在什么地方、由谁做什么，以及怎么做。一个好的行动计划应该针对性强，有时间限制，能够发挥自己的优势和支持，每个步骤较易实施，解决方法可实现，有较高的成功可能，且可以评估成败。小斌制订了如下行动计划：

（1）每天遇到老师、同学尽量多微笑以待；

（2）一个人走路的时候加快走路速度；

（3）专业技能课上认真听讲，记住老师说的操作标准；

（4）每天晚上 7 点去实训室训练一个小时；

（5）周一、周三、周五晨读背诵专业理论知识。

第七步：实施后对实际进度和效果进行评估。

这一步的具体做法是在上一步的行动计划制订好后的 24 小时内迈出第一步，尽可能早地开始行动。一周后对执行情况和效果进行总结评估，如果这个问题已经有效解决，就开始解决新的问题；如果没有按计划执行或没有达到预期的效果，则考虑这个计划是否难度太大无法实现，问题是否发生了改变或出现了新的障碍，进而调整行动方案。

小斌在计划制订的当天晚上就开始执行了。一周后的咨询中引导小斌逐条评估实际进度，其中第一、二、三、五条计划已经有效实施；第四条计划出现了新的障碍，因实训场地条件限制，调整为和专业老师协商，每天其他时间机动训练一个小时。

四 结果与思考

经过三周的咨询，小斌已基本掌握问题解决治疗的操作方法，可以自己按照步骤制定下一个目标。虽然没有问他职业能力大赛的结果，但从他的状态来看，主动自信地参赛的目标应该是达成了。之后他在微信上对老师表示感谢，说自己状态好多了，原来事情一件件地完成，自己的动力和目标也会越来越清晰，他决定要读高三，想参加高考，继续学习汽车维修专业。

个案引发的几点思考：

（一）在心理咨询过程中如何更好地引导学生找到真正的咨询目标

该个案中小斌来咨询时希望得到的帮助是调节情绪和压力的方法。随着心理健康知识的普及，大多数学生会掌握一些自我调节的方法，尤其是像小斌这样称得上“优等生”的学生，在来求助之前应该已经尝试过各种放松、调节的方法。这些方法虽然可以缓解他当下的情绪状态，但积攒的问题没有得到有效解决，长期的自我价值感缺失以及对自己专业的不确定性，让他产生了自我认同危机才是问题的根源。

（二）问题解决治疗可以有效提高中学生的自我认同感

埃里克森的人格发展八阶段理论中，青春期（12—18 岁）学生的主要任务是建立自我同一性，也就是自我角色的认定与归属。生活中的压力事件影响着个体的自我认同，而在二者之间起关键作用的是个体能否有效或成功地解决现实生活中存在的问题。有效或成功地解决问题，能够增强个体的自信心，提高自我认同感；现实问题无法有效解决，日积月累就会削弱个体的自信心，进而导致自我认同危机。问题解决治疗是以认知心理学关于问题解决的理论研究为基础而创立的一种相对简单、结构化的心理治疗方法，可以通过提高个体的问题解决技能来促进问题有效解决和个体自我认同感之间良性循环的建立。中学生情绪自控能力较弱，在问题出现时，情绪通常会变得糟糕或消沉，失去解决问题的动力或解决问题的效率大大降低，积累很多得不到解决的问题，就容易体验习得性无助，进而产生自我认同危机。问题解决治疗有明确的操作步骤，利于学生掌握，以提高其解决问题的能力，从而能够在问题刚出现时就解决它，从中体验自我价值感，有效降低自我认同危机的产生频率。

（三）中职生对专业的认同是可以通过有效的问题解决来获得的

中职生普遍存在对所学专业的认同问题。一部分是对专业了解不够，听取家长或老师的建议，懵懵懂懂选择了所学专业；还有一部分可能因为中考失利，被动进入就读学校和所学专业。他们虽然对所学专业不甚了解，谈不上爱一行学一行，却可以通过有效解决就读期间面临的各种问题，不断体验到自我价值感，从而获得社会角色的自我认同。

（四）不是任何来访者都适合接受问题解决治疗

个案中的小斌自身有很好的解决问题的能力，只要适当引导就可以找到合理的解决问题的方法。有些自知力较弱，或缺乏思考能力的学生，在使用问题解决治疗的过程中，可能会出现无论怎样引导，都无法制订出解决计划的情况。此外，问题解决治疗还需要来访者拥有将计划方案付诸行动的执行力。

总之，问题解决治疗是一种可以有效运用于学校心理咨询的简单易学的方法。它可以引导学生学会面对问题，系统地按步骤去解决，从而逐步提高学生解决问题的能力。当学生尝试解决一个问题后，就会逐步感到自己有能力去解决自己的问题，从而获得对自己生活的掌控感，进而建立自我同一性。

（顾凌峰）

名人有话说

愤怒以愚蠢开始，以后悔告终。——**[古希腊]毕达哥拉斯**

未被表达的情绪永远都不会消失。它们只是被活埋了，并将在未来以更丑恶的方式爆发出来。——**[奥地利]弗洛伊德**

在较量中，情绪激动的一方必居于劣势。——**周国平**

治疗愤怒的最好办法是等待。——**[古罗马]塞内加**

人际交往篇

与人交往是青少年学习生活中的重要内容。同龄人、伙伴是青少年在社会交往中重要的社会关系，能与同伴和睦相处并进而“交到知心朋友”是学生们强烈的愿望，青少年还会出现异性交往障碍高发性、大部分学生渴望与异性交往的实际情况相矛盾的现象。因此，同伴交往始终是青少年学生完成社会化的最为重要的方面。

良好的人际交往不仅能使学生心情愉快、乐观向上，提高学习效率，而且能使他们的认知、情感、意志过程协调，个性健全发展，成为合格的社会人。由于社会环境、家庭关系等变量的影响，在各类学生中均有社会适应不良、人际关系欠佳、沟通交流不畅的现象存在，部分受人际关系困扰的学生情绪沮丧，不能把精力投入到学业上或交友上，致使在同伴中表现不佳，继而引起延续性的适应困难。当无法以社会允许的方式来解决困扰时，这些学生就会出现焦虑、抑郁等负性情绪。因此，对于受到同伴关系困扰的学生，可以通过心理辅导帮助其建立自信，引导其主动沟通。给予学生开放式交流的体验，指导学生自主创设温暖的交往环境，促进学生自我开放的程度，教会学生换个角度思考问题，产生必要的自我反省，改变心态，与他人建立良好的沟通渠道。

危机案例分析

坏脾气从哪里来

一 个案基本情况

小高，男，15岁，有一个双胞胎弟弟，父母已经离异，他与弟弟被迫分开，小高跟着父亲，而弟弟判给了母亲。小高父母都是高中学历的自由职业者，没有固定工作，小高跟着父亲居住在城郊接合部。他性格内向，不善与家人交流，父亲忙于找活干，陪伴时间较少，在原来的学校里有受同学欺负现象。

（一）班级表现

班主任反映，小高个性倔强，易发脾气，逆反心理较重，对校纪班规的要求会有抱怨。与人沟通交往能力偏弱，只有个别关系较好的同学，也会适当参加一些班级或学校组织的活动，但常以自己的价值观去评判周遭事物，情绪比较容易受外界因素干扰而变化。

生活事件及处理：有次用餐时，对座同学无意间打了个喷嚏，喷到了小高的餐盘中，小高大发脾气，不接受同学道歉和老师重打一份的建议，无视集中就餐管理要求，独自离开。另外有次小高周末玩得太累，导致周一回校迟到，被老师批评，他赌气跑出办公室，准备擅自离校，后被制止。

在处理小高同学不断发生的各种事件过程中，班主任一般会在确保安全的情况下，先让小高独自冷静思考，发现其在冷静一段时间后，可以和老师进行适当回应，并对当下问题作基本的反思。小高是个有一定思考能力的孩子。

（二）课堂表现

学习基础薄弱，学业水平和其他同学有一定的差距，上课经常发呆，注意力难以集中，易分神。有时会自言自语插嘴说一些无关课堂的话，老师指出其问题时，易和老师顶撞。当回答问题时，部分同学看向他，小高就会用异样的眼神仇视之，因为他感觉同学在嘲笑他。

（三）自我反馈

在学校里，我的情绪不太稳定，常常想回家，不过我又会暗示自己一定要适应学校住宿环境，这样我心里就会很矛盾，心情很乱。在我被老师、同学误会的时候，旁边还有女生一直在笑，我会很生气。

二 心理体检评估

（一）艾森克个性测验（耗时 00：08：43）

精神质（P）：正常范围。（标准分 50）

内外向（E）：偏内向性格特征，与同伴交往主动性较差，不喜欢抛头露面，但可以进行交往。（标准分 45）

神经质（N）：表现为典型的情绪不稳定，对各种刺激的反应都过于强烈，情绪激发后很难在短时间内平静下来，极易焦虑、紧张、发脾气，强烈的情绪反应易影响其与同伴的交往，容易与人发生冲突，睡眠不安，容易出现各种身心问题。（标准分 85）

掩饰程度（L）：被试毫无掩饰倾向。（标准分 25）

（二）SCL-90 症状清单（耗时 00：06：59）

躯体化（中度）：时有发生。

强迫状态（重度）：忘性大，不能集中注意力，做事难以做出决定。

人际关系敏感（重度）：与异性交往少，感情非常容易受伤害，常有自卑感，总感到比不上别人，在公共场合常常感到很不舒服。对别人的评价非常在意，有时显得神经过敏，偶尔会出现被攻击的幻觉。朋友较少。

抑郁（重度）：经常责怪自己，感到任何事情都很难做，感到自己没有什么价值，容易伤感，对异性兴趣消退，感到非常孤独，想结束自己的生命。

焦虑（重度）：经常神经过敏，会突然感到一阵恐惧，浑身发抖，心跳得厉害。常会感到熟悉的东西变成陌生或不像是真的。

敌对（重度）：经常有想打人或摔东西的冲动，易被激怒，不能控制自己的行为和情绪。

恐怖（中度）：不敢独处或单独外出，因为害怕，会刻意回避一些事物，在人多的地方会感到不自在。

偏执（重度）：不相信别人，经常怀疑别人在监视自己，有一些常人没有的想法和念头，责怪别人没有对他做出恰当的评价，是故意制造麻烦。

精神病性（重度）：经常有幻听，觉得自己的思维被人控制，别人能知道自己的想法，从未感知到其他人很亲近，即使在一起也感到很孤独，认为自己应该为自己的过错而受到惩罚。

其他（中度）：睡眠不稳，感到自己有罪，想到过死亡。

三 归因分析

首先，孩子步入青春期之后，自我意识开始飞速发展，有自己的价值标准和思维方式，会表现出种种心理冲突和矛盾，同时，情绪上也呈现出半成熟半幼稚的矛盾特点，容易冲动也容易不稳定。但从小高的日常表现和心理测试结果中，我们发现，和一般青春期学生有差别的是，小高对于应激事件的反应过度强烈，抑郁、焦虑、敌对等因子均为“重度”，但他在事后反省中又能理性思考，有较为正确的态度。于是，我们不禁要问：小高的“易激怒”的情绪反应及应对方式从何而来？

其次，同样是来自离异家庭，小高与其他同学不一样的一点是，他还因父母离异，被迫与双胞胎弟弟分离，因此对于小高来说，不仅是失去了父母双全的完整家庭，还失去了一个血脉相连、心灵相通的兄弟，这个事件的影响直接导致小高的内心充满了愤怒、失落、恐惧。小高在学校不善言辞、缺少朋友、被同伴欺凌、遇事反应极端等多种社会适应问题的出现，或许就来源于内心的安全感缺失，即失去最根本的人际交往来源，致使儿童期人际交往能力未能发展完善。

再次，小高的父亲忙于工作，没有太多时间给予陪伴和引导，使得小高在许多问题上存在着认知偏差。当周围发生的事件与小高的价值观存在不一致时，小高的内心就会充满矛盾，不知如何应对。为了减少这种认知失调和心理矛盾，小高采取的习惯性应对模式就是离开和逃避，而这种模式是小高在童年时期接受到的家庭成员应对问题的模式，如父母以离异来应对夫妻之间的问题。

最后，缺乏完整的社会支持系统。做对了事未能得到他人的肯定和夸奖，做错了事没有得到较好的矫正方式，使得小高对很多事情都处于矛盾的状态，更加剧了其逆反心理的产生。比如，小高的家庭没有能够提供给他良好的学习环境，小高在学习上遇到的困难同样没有得到及时的帮助，注意力不能集中、上课经常发呆、逃避或不愿意投入需要持久脑力活动的任务、容易被无关的外部刺激干扰等等表现，符合 ADHD（注意缺陷与多动障碍）的一些基本特征。如果在儿童期就得到重视和识别，并能进行针对性训练，或许可以让小高获得更多的鼓励和成就感。

四 干预策略建议

第一，正确认识发展规律，给予疏导。家长和老师应该认识到孩子发展阶段的特点，认识到小高的独立意识是正常发展所产生，可以多和他沟通交流，帮助小高认识到发展规律，减少矛盾感，增加情绪的稳定性。

第二，建立合理信念，改变不良认知。老师可以利用适合的时机帮助小高认识到自己认知的不合理之处，再经过多次练习强化，改变小高原有的不合理信念，使其认知达到平衡协调的状态，帮助小高克服对问题的恐惧，改变原有的逃避型问题应对模式。

第三，增加合作交往机会。小高缺少与同学正常交往的能力，因认知偏差常常误解周围人的意思，但他仍然没有放弃学习，渴望得到周围人的认同。老师可以通过布置小组作业和课外活动，邀请小高参加，增加小高和别人沟通交流的次数，通过引导小高完成作业来提高交往能力，减少小高对同伴眼光的误判和偏激的认知，以循序渐进的方式解决合作中出现的问题。

第四，遇到问题，冷静思考。小高与他人发生矛盾时极易出现极端情绪，老师在了解这一点后，如果再遇到小高的应激事件，就需要冷静思考，不被小高的极端情绪和行为反应“带偏”，不急着解决问题、批评小高，而可以先找各种方法让小高能缓解情绪、冷静下来，当他愿意做出反应并进行反思时，再去追寻矛盾的来龙去脉，避免小高在情绪激动的情况下选择逃离。老师需要在长期的“斗争”过程中，慢慢探索一个相对固定的正强化模式来面对小高原有的“暴怒逃避”行为模式。

第五，建立家庭支持系统。做好家校协同，学校老师要和小高父亲建立更多的联系，方便小高父亲了解孩子在校情况，父亲也应该重新调整工作时间，周末小高回家时，需要多陪伴孩子，更加不能简单地认为教育孩子都是学校的事情，除了给予孩子经济上的支持外，还要给予孩子更多的温暖和关怀，比如，在家可以和孩子一起做做饭、聊聊同学、说说兴趣爱好，甚至也可以把自己工作、生活中的喜怒哀乐说出来跟孩子分享，让孩子感受到父亲的关爱，建立起家庭责任感，如有可能，还需要建立起小高和母亲、弟弟的联系渠道，让小高感受到家人的无限支持。

第六，鼓励孩子，树立信心。当孩子能够参加集体活动，能够做出一定的反思，能够在课堂上回答问题时，不论对错，都要给予孩子肯定和赞赏，不急于纠正孩子的错误地方，从而树立小高的信心，助力小高主动参与更多活动。

第七，小高有上课注意力无法持续集中，发呆、分神、自言自语等现象，且有人际交往局限、学业困难，成长期缺少了对 ADHD 及其他共患的鉴别诊断。如有必要，可以通过联合式问题诊断，明确小高在学习方面的难点，在帮助小高提高学业能力方面能有的放矢。

危机案例分析

狂热“追爱”的小洁

一 个案基本情况

小洁，女，15 岁，某市城郊接合部居民，父母都是初中学历，父亲自由职业，母亲开棋牌室，离异家庭，两姐妹均由母亲抚养。父亲从小不管孩子，母亲还是比较关心孩子，可由于从事棋牌室营业，晚上很晚回家，所以母女相处时间有限。小洁与母亲的亲子关系偏差，但在不情愿的状态下还是会接受母亲的管教。

（一）班级表现

小洁同学比较突出的一点问题是异性交往问题，让人感觉其易“犯花痴”，表现为对心仪的男生各种手段的接近和狂热表白。同时还存在着自制力低、不讲个人卫生等问题，同伴关系较差，经常受到嘲讽；经常会对老师和同学撒谎；违反校纪班规情况比较严重。

（二）课堂表现

上课注意力不集中，经常开小差，有时发呆，有时趴着睡觉，有时游离于课堂之外，沉浸在自己的世界里；作业完成率较低；跟老师交流时，老师感觉小洁与一般学生相比，较为“滑头”。

生活事件及处理：经常迟交作业，并借此离开座位去任课老师处交作业，后来老师发现，其实是以此为借口去找一个高年级的男生聊天、递交纸条信件、看一眼等（该男生当时有一异性好朋友）；在手臂上、衣服上写满心仪男生的名字、手机号和爱慕之类的字眼；心仪的高年级男生毕业离校后，小洁情绪一直很低落，有时显得格外暴躁，严重影响了学习和同伴关系。

班主任老师考虑到是男女生之间的情感问题，需要耐心细致处理，在了解了小洁经常去找异性朋友的心态后，老师适时对某些合理的诉求给予了认同。随后对小洁强调：一个母亲的学识会影响到下一代的成长，希望小洁能注意提升自己的各方面素养，不因一时的情感困惑而影响和同伴相处的情绪，给自己造成不必要的麻烦；同时，联系家长正确看待孩子的情感问题，提醒家长需要多陪伴和关心青春期的女孩子，并做好上下学接送和周末的管理。

（三）自我反馈

每天见到心仪男生，能跟他说说悄悄话、聊聊笑笑，真开心；有次被老师发现了，哭得很伤心；“五一”假期和心仪男生玩得既浪漫又开心；自从他毕业后，想念的滋味真难受……

二 心理体检评估

（一）艾森克个性测验（耗时 00：04：46）

精神质（P）：提示被试比较固执、古怪，遇到麻烦较多，孤僻，对同伴和小动物缺乏感情，很少关心他人，有时表现为残忍，较少有同情心和人道主义精神，做出些正常儿童不做的古怪事情。（标准分 60）

内外向（E）：表现为典型的内向性格特征，喜欢安静，独自思考，爱看书，不喜欢接触较多的人，与人交往时保持一定的距离，生活、学习有规律，思考问题严谨。做事情计划性强，考虑问题瞻前顾后，言语较少；对他人的话较敏感，行为孤僻，踏实可靠。（标准分 20）

神经质（N）：表现为典型的情绪不稳定，对各种刺激的反应都过于强烈，情绪激发后很难在短时间内平静下来，极易焦虑、紧张、发脾气，强烈的情绪反应影响其与他人的交往，容易与人发生冲突，睡眠不安，容易出现各种身心问题。（标准分 90）

掩饰程度（L）：提示被试无任何掩饰倾向，所回答的问题真实可信，行为纯朴，言行一致，容易袒露自己的内心体验。一般来说，年龄越小，该项得分越低。（标准分 35）

（二）SCL-90 症状清单（耗时 00：04：20）

躯体化（轻度）：有时感到头昏或头痛，同时还伴有一些肌肉酸痛或腰痛，稍感疲倦。

强迫症状（中度）：反复做的动作明显增多，一天中有几个时段忘性大，注意力不能集中，头脑一片空白，难以做出决定，难以完成所做事情。

人际关系（重度）：很少与异性交往，感情非常容易受到伤害，常有自卑感，总感到比不上他人，在公共场合感到很不舒服。但对别人的评价非常在意，有时显得神经过敏，偶尔会表现出被动攻击，影响其人际关系，朋友较少。

抑郁（重度）：经常责怪自己，感到任何事情都很难做，容易伤感哭泣，对异性的兴趣减退，感到非常孤独。

焦虑（重度）：经常神经过敏，忽然感到一阵阵恐惧，浑身发抖，心跳得很厉害。

敌对（极重度）：非常容易激怒，好与人争论，经常主动攻击他人，完全不能控制自己的情绪和行为。

恐怖（中度）：不敢在黑暗中独处，怕单独出门，因为害怕，会刻意回避某些事物。

偏执（重度）：不信任别人，经常怀疑别人在监视自己，内心紧张、害怕，愤愤不平，有一些别人没有的想法或念头，影响正常的工作与生活。

精神病性（轻度）：偶尔有幻听，觉得旁人能知道自己的想法，即使和别人在一起也感到孤单。

三 归因分析

首先，青春期性心理发展带来的影响。孩子步入青春期之后，第二性征逐渐出现，使得男女青少年在外形上的差异日益明显；同时，生殖系统也会逐渐发育至完善。然而，人的生理发展和心理发展是密切联系的，青少年生理发展迅速，但是心理发展并不能够与生理发展保持协调。由于性的成熟，青少年对异性产生了好奇和兴趣，滋生了对性的渴望，鉴于不能直接公开表达就会体验到一种强烈的冲击和压抑，这也是小洁同学渴望与异性交往，而且情绪激动的原因。

其次，缺失的父爱转移到渴望“男朋友”的关怀。父亲在孩子成长的过程中没能给予孩子应有的关注，再加上父母对于孩子的教育甚少，孩子缺乏来自亲人的支持和关爱。这就导致小洁同学相比其他同学而言，更加渴望从异性身上找到安全感和归属感，渴望在“男朋友”这里找到精神寄托，渴望得到来自异性的关心和爱护。

再次，青春期自我意识发展迅速。青少年已能完全认识到自己是一个独立的个体，要求独立的愿望日趋强烈，而小洁母亲虽然比较关心孩子，但是给予孩子的陪伴和管教却很少，导致与小洁之间的母女亲情不够融洽，小洁感受到的母爱仅限于管教，与母亲的相处往往不情愿，甚至完全不在意。缺少温情和母性的关怀，使得小洁在人际交往中更多地表现出以自我为中心、容易情绪化的状态，也更容易轻易付出情感，且在没有得到情感回应时感受到伤害。

最后，孩子缺乏相应的性教育知识。学校和父母并没有给予小洁正常的性教育，小洁不完全明白性意识的萌芽和性冲动的发生都是正常的发展过程，只是出于较为原始的生理和心理需求，把自己对异性的好奇、想要获得异性的青睐等需求，通过不顾一切的狂热追求和持续表白等方式来满足自己的需要，而无视“伦理”和“规范”。

四 干预策略建议

第一，争取家庭的积极配合，给予孩子更多的关注。母亲和父亲从给予孩子关爱逐渐到加强教养，首先拿出更多的时间来陪伴孩子，多与孩子沟通，了解孩子的内心世界，看到孩子的问题所在，在适当的时候纠正孩子的问题。

第二，增加性知识教育，调整不合理认知。老师和家长应该相互配合，在恰当的时间，以恰当的方式，从孩子的特点出发，进行性知识教育，让孩子认识到对异性的好感是正常的反应，没有必要夸大自己的感受。同时，教会孩子如何与异性正确地相处，区分好感和爱情，在疏导的过程中让孩子了解性安全知识，为后期的认知调整打下基础。

第三，组织集体活动，改变人际交往。老师可以组织班级郊游、体育竞赛和联谊等活动，在活动中鼓励其他同学多关心小洁，让小洁感受他人的温暖，产生美好的情绪体验，而不仅仅将情感体验局限于和异性的个别交往，从而开阔视野、广交朋友，建立纯洁友谊，保持良好的同伴关系。

第四，培养兴趣爱好，转移注意力。家长可以让小洁参加兴趣班，比如画画、做板报和剪贴画等等，让孩子找到自己的闪光点。老师也可以让小洁负责班级的相应活动，令其从对异性的过度关注中走出来，同时，在班级活动中获得的存在感和价值感，也有助于提高小洁的自信心。

第五，开阔眼界，认识利弊。家长可以带小洁外出旅游，购买孩子感兴趣的相关书籍，让孩子明白过于关注异性将会影响身心健康和正常人际交往，让孩子能够看到人生具有无限可能，避免因为现在的“狂热追爱”而导致日后“回顾感慨”。

危机案例分析

都是别人的错

一 个案基本情况

小如，女，14 岁。父亲高中学历，个体职业；母亲初中学历，个体职业，做服装生意。离异家庭，由其父监护抚养。父亲再婚并育有一女，继母大专学历，文员。父亲监护比较负责，重视小如的学习，给小如安排了周末各科的培训班，但父女之间亲子关系一般。父母反映，小如在家个性执拗，说话生硬，表情淡漠，容易和亲人发生矛盾。

（一）班级表现

小如考虑问题容易以自我为中心，与老师和同伴交流时常常语言偏激，有攻击性；情绪控制力低，容易暴怒，导致人际交往方面存在严重的沟通障碍，朋友极少，只有一个从幼儿园开始一直是同班同学的女生与小如关系亲密。

生活事件及处理：一次在饭后休息时间，因一件小事与同伴起冲突，引发小如单方面言语欺凌，无视班主任和其他同伴的劝阻，情绪激动，言辞偏激；一次在食堂就餐时，也因一件小事与隔壁班的女生发生冲突，在两班班主任在场的情况下，进行言语攻击，并将粥泼向对方，导致相互泼粥。

班主任及时制止攻击行为，分别进行冷处理，了解事件前因后果；要求小如反思在此事件中自己存在哪些问题，以后遇到类似事件该如何处置，对于当下已经发生的事后续该怎么处理。开设微型班会“善意的建议”，为当事双方提出危机事件的建设性谅解备忘录。互换角色思考，缓解同伴危机，搭台相互谅解。

（二）课堂表现

说话、做事比较随意，不太注意场合，也不在意别人的感受，课堂活跃，喜欢和爱讲话的几个同学说话，有时会顶撞老师，但学习态度较端正。

生活事件及处理：一次课堂上，发现自己的错题本不见了，突然站起来大声嚷嚷，并离开座位去教室后面的书包柜翻箱倒柜，找不到后就指责是老师给弄丢了（其实是在她自己的课桌抽屉里），无论老师如何劝说，还是一直持续到下课。

课后班主任和小如进行了单独沟通，表示真的找不到的话，会再给她一本，并笑称：“你一直嚷嚷，很像动画片里的某个角色，非常可爱。”结果，小如感到意外且有点不好意思。

班主任反思：针对习惯以自我为中心的学生，在处理过程中，须避免公众场合与其正面交锋；在私下里通过一些轻松幽默的言语教育引导，往往能取得比较好的效果。

（三）自我反馈

我只有一个好朋友，我把她当作对象一样，从来不遮遮掩掩。看到有人玩我“对象”的头发，并且我“对象”还同意了，我有点吃醋，我没将心情表露出来，我没发火，我非常容易吃醋，我不想让人觉得我经常莫名其妙地发火。

自从上周来了一个新同学，有同学就开始疏远我了，倒不如说她们总是待在一起，也可能是因为我的行为使比较要好的同学远离了我，当下课她们玩得好的时候，我只能一个人发呆。不知怎么的，老师和同学近来都很容易忽视我，有时我会吐槽，上课想叫老师问问题，他们却没听见一样；老师偏袒某同学，对我很不公平……

二 心理体检评估

（一）艾森克个性测验（耗时 00：06：00）

精神质（P）：提示被试古怪、孤僻、麻烦，对同伴和动物缺乏感情，不关心他人，攻击、仇视即使是很亲近的人，缺乏同情心和是非观念，爱钻牛角尖，形成的观念不容易改变。（标准分 65）

内外向（E）：表现为典型的内向性格特征，喜欢安静，独自思考，爱看书，不喜欢接触较多的人，与人交往时保持一定的距离，生活、学习有规律，思考问题严谨。做事情计划性强，考虑问题瞻前顾后，言语较少；对他人的话较敏感，行为孤僻，踏实可靠。（标准分 35）

神经质（N）：表现为典型的情绪不稳定，对各种刺激的反应都过于强烈，情绪激发后很难在短时间内平静下来，极易焦虑、紧张、发脾气，强烈的情绪反应影响其与他人的交往，容易与人发生冲突，睡眠不安，容易出现各种身心问题。（标准分 90）

掩饰程度（L）：提示被试无任何掩饰倾向，所回答的问题真实可信，行为纯朴，言行一致，容易袒露自己的内心体验。一般来说，儿童青少年年龄越小，该项得分越低。（标准分 5）

（二）SCL-90 症状清单（耗时 00：05：28）

躯体化（中度）：经常有头晕、头痛、恶心、胃部不适、心慌、胸闷、疲乏、虚弱等躯体不适的感觉。

强迫症状（中度）：反复做的动作明显增多，一天中有几个时段忘性大，注意力不能集中，头脑一片空白，难以做出决定，难以完成所做事情。

人际关系（重度）：很少与异性交往，感情非常容易受到伤害，常有自卑感，总感到比不上他人，在公共场合感到很不舒服。但对别人的评价非常在意，有时显得神经过敏，偶尔会表现出被动攻击，影响其人际关系，朋友较少。

抑郁（重度）：经常责怪自己，感到任何事情都很难做，容易伤感哭泣，对异性的兴趣减退，感到非常孤独。

焦虑（中度）：常无缘无故地感到害怕，心跳得很厉害，觉得所熟悉的环境都变得陌生，但过一会儿会有所缓解。

敌对（中度）：有时会烦恼和激动，不能很好地控制自己的脾气和情绪，会与人争论，有想破坏东西的冲动。

恐怖（中度）：不敢在黑暗中独处，怕单独出门，因为害怕，会刻意回避某些事物。

偏执（重度）：不信任别人，经常怀疑别人在监视自己，内心紧张、害怕，愤愤不平，有一些别人没有的想法或念头，影响正常的工作与生活。

精神病性（中度）：经常有幻听，感到别人能控制自己的思想，感到自己的身体有严重问题，感觉孤单。

三 归因分析

首先，小如自身的归因方式属于外控型，即认为所有的事都是除自己以外的其他人或事引起的，因此，会认为错题本丢失是老师的错，也会认为老师有偏袒其他同学等想法。

其次，过度加工和知觉偏差的沟通障碍。小如在沟通的过程中可能会按照自己的主观意愿，进行断章取义或者添油加醋，从而误解他人意思；也可能会在沟通的过程中以自我为中心，对不利于自己的信息视而不见。可能是这些原因导致小如在人际沟通中不能有效接收信息。同时，青少年的自我意识突然高涨，独立意识增强，开始出现反抗心理，尤其是将父母的关爱视为自身独立的障碍，从而表现出态度强硬、漠不关心和情绪强烈等特点。因此，小如此时表现出来的冷淡生硬也可能只是发展的一个阶段。

再次，美国心理学家霍林沃思将青春期早期这一阶段称为“心理上的断乳”时期，意思就是青少年的独立意识使其在遇到挫折时不愿求助他人，或者会产生亲密关系的需求，但这种社会关系尚未建立，从而产生孤独的心境。另外，小如周末还需要参加辅导班，与同伴在一起玩乐的交往机会和时间减少，也导致她不能以正确的方式处理和同学之间的小矛盾。

最后，小如幼年经历父母离异的创伤，母亲的离开使得小如从小缺少母爱，未能建立充分的信任感和安全感；父亲再婚后育有一女，可能父亲与继母对二孩的关注，让小如体会到父母对自己的关爱减少了，感到孤独，越来越敏感，情绪反应较为强烈，从而形成冷淡和偏执的性格。

四 干预策略建议

第一，认知上从外控改变为内控。帮助小如改变认知，即认为事件的发生是别人的原因这种固有的思维，让小如能够首先从自己身上发现问题，减少怪罪和埋怨别人的想法，从而逐渐获得自控感。

第二，强化沟通练习，克服沟通障碍。老师和家长可以通过示范正确的沟通方式让小如模仿，当小如能够正确沟通时再给予奖励进行强化，让她明白有效表达、认真倾听和准确理解都是沟通的重要内容，在练习之外加以实践。

第三，建立温馨的家庭环境。家长应该主动和老师沟通，既了解孩子在学校的情况，也和老师交流更好的教育方式。在接送上下学的路上和孩子多交流，理解孩子的真实想法；也可以陪伴孩子一起做家务，让孩子感受到父母并不会因为二孩而减少对自己的关心。

第四，正确认识自己，增强自信。让孩子知道青春期发展的特点，了解自己的身心变化，遇到问题可以主动求助老师和家长；老师也可以在课堂上放大孩子学习态度端正、思维活跃等优点，让孩子看到自己的闪光点，增强自信。

第五，情景模拟，训练换位思考。老师可以组织相关的冲突情景，让孩子从中学习如何迅速冷静下来、如何从他人的角度出发以及如何正确处理问题。之后再组织情景模拟，让孩子参与其中加以练习。

危机案例分析

“辣”妹子

一 个案基本情况

戚戚，女，15岁，城郊拆迁户，家庭完整，父亲初中学历，在火车站工作，是所谓的“上门女婿”，母亲高中学历，自由职业，偶尔做做义工，父母关系良好。父亲比较溺爱，母亲较为严厉，在对女儿的教育问题上，父母之间分歧较大，偶尔会发生争执，母亲相对显得客观一些。

家庭生活事件及处理：戚戚有几次偷拿家长钱的行为，主要用于打扮、给男友花。据家长反映，女儿换男友很勤，比较花痴，经常出入酒吧、歌舞厅等场所。比较看重同伴人际关系，但又比较自私，是非观念淡薄，在同伴中搬弄是非，经常因小事与同伴发生矛盾，甚至结伴对同伴进行言语欺凌。

对于偷拿家里的钱，母亲叫过警察介入后，戚戚有所收敛；至于言语欺凌，由母亲出面，协调几个相关家长进行沟通，梳理事件的来龙去脉，最后以戚戚认错道歉而终。

（一）班级表现

托管转校进来后，学习态度依然较为随意，语言不文明，脏话连篇，思维方式以自我为中心，同伴交往时，喜好搬弄是非，和同伴时有矛盾发生，有动手行为，师生交流上缺少真情，谎话较多。

生活事件及处理：私自将同班女生张某的 QQ 号告诉高年级的男生，导致张某与高年级的女生发生矛盾，并会同高年级女生在网络上欺凌张某，其中还牵扯到双方家长和其他同学。

班主任、学生处从各方了解具体情况，并到双方学生家里进行家访，根据事件的前因后果，确定是戚戚的错后，其在老师和家长的陪同下，上门当面向张某赔礼道歉。

（二）课堂表现

上课纪律较差，对学习没太多兴趣，多位任课教师反映其上课喜欢左顾右盼，爱说话，发出怪言怪语吸引同学和老师注意。

（三）自我反馈

我喜欢写字、唱歌、跳舞，自认为不足之处就是爱讲闲话。同住小区的小姨家有个小我 4 岁的妹妹，奶奶（理论上是外婆）和妈妈偏爱表妹；在学校因成绩不好，经常被妈妈打骂，有时奶奶也会一起加入进来骂，那时想过自杀，但又不敢，所以拿钱离家出走了好几次。现在跟班里几个原校的同学还处得来，就是看不惯其他几个女生。

二 心理体检评估

（一）艾森克个性测验（耗时 00：07：02）

精神质（P）：提示比较固执、古怪，遇到麻烦较多，孤僻，对同伴和动物缺乏感情，很少关心他人，有时表现为残忍，缺乏同情心和是非观念，会做出一些

一般少年不做的古怪事情。（标准分 60）

内外向（E）：典型的外向性格特征，喜欢与人讲话，喜欢人多的场合，回答问题迅速，喜欢冒险，乐动而不愿静，情绪较难控制，不爱一个人阅读或学习。（标准分 70）

神经质（N）：表现为典型的情绪不稳定，对各种刺激的反应过于强烈，情绪激发后很难在短时间内平静下来，极易焦虑、紧张、发脾气，强烈的情绪反应影响其与同伴的交往，容易与人发生冲突，睡眠不安，容易出现各种身心问题。（标准分 95）

掩饰程度（L）：显示被试无任何掩饰倾向。（标准分 35）

（二）SCL-90 症状清单（耗时 00：05：26）

躯体化（极重）：躯体不适感非常明显，躯体症状表现强烈，如严重的头痛、腰痛、恶心、食欲差等，并伴有呼吸困难。整日情绪焦躁不安，常担心会突然死亡。

强迫症状（重度）：每天有 4—6 小时重复某些动作，影响日常生活和学习，记忆力下降，不能集中注意力，不能摆脱头脑中不必要的想法，做事难以做出决定。

人际关系敏感（重度）：感情容易受伤，常有自卑感，时常感到比不上他人，但对别人的评价非常在意，有时显得神经过敏，偶尔会显得被动攻击，影响人际关系。

抑郁（极重）：总是过分担忧，感到自己没什么价值，常有结束自己生命的念头，自觉精力下降严重，容易哭泣伤感，觉得异常苦闷和孤独。

焦虑（极重）：常常无缘无故地感到恐惧，浑身发抖，感到坐立不安，不能安静，熟悉的东西变得陌生，总有一种催促感。

敌对（极重）：非常容易被激怒，好与人争论，经常主动攻击他人，完全不能控制自己的情绪和行为。

恐怖（重度）：无法单独出门，害怕在陌生的公共场所独处，怕乘快速的交通工具，总是刻意回避使自己感到害怕的东西。

偏执（极重）：不信任所有的人，总是怀疑别人在监视、跟踪自己，总觉得别人要占自己的便宜，或者紧张、害怕，不敢出门，一个人无法正常地生活。

精神病性（重度）：经常有幻听，觉得自己的思维被别人控制，别人能知道自己的想法，认为自己应该为自己的过失而受到惩罚。

（三）生活事件心境筛查

近几周，有几天做事提不起劲或没有兴趣；有一半时间感到心情低落、沮丧或绝望；几乎天天睡不安稳，食欲下降，烦躁不安，感觉疲倦或没有活力，觉得自己很糟糕、很失败，让自己和家人失望，有不如死掉或用某种方式伤害自己的念头。

三 归因分析

首先，不合理的信念和认知。戚戚在成长过程中未能树立正确的价值观和是非观，总是以自我为中心，不能站在别人的角度思考，不会为他人考虑，这就是她在生活中不顾别人感受做出伤害同伴、欺骗别人等行为的原因。

其次，父母教养方式相互矛盾。母亲采取专制型教养方式，即母亲对孩子的限制性非常强，规则多，要求孩子严格遵守，然而很少向孩子解释遵守这些规则的必要性，并且在教育过程中常常伴随着惩罚和强制性策略。父亲采取宠溺型教养，几乎不会拒绝孩子提出的要求，允许孩子自由地表达自己的感受，并且会尽量满足孩子提出的任何要求。两种截然相反的教养方式都不能给孩子带来积极的影响。专制型教养让孩子兴趣降低，没有活力，感到沮丧；宠溺型又让孩子变得自私自利，任性妄为。父母因为两种教养方式而发生争吵，这也加剧了孩子内心的矛盾和焦虑。

最后，不良行为是内心低自尊的防御方式。母亲和外婆的严厉教育让孩子逐渐丢失自尊和自信，但其内心依然十分渴望得到别人的关注和赞赏，因此，会用出格的行为来吸引他人的注意。缺乏自尊自信让孩子认为很多事情没有希望，甚至产生自杀的念头，在他人面前有表现以吸引注意为目标的行为和情绪反应。

四 干预策略建议

第一，树立正确价值观，矫正不合理信念。作为青少年的戚戚，内心深处其实是非常在意朋友和同学的，与同伴相处时所有的挑拨是非、言语欺凌，其实质都是想证明自己在同伴中的身份和地位，是一种归属感和认同感的表达。因此，老师在教育过程中可以采用“面质”技术来改变戚戚的错误观念：直截了当就戚戚的不合理信念发问，如“你认为这么做是正确的吗？”“你想过这样做的后果是什么吗？”“如果是别人对你做了这样的事，你会怎么想？”等问题，在辅导的过程中不断重复，让孩子真正认识到自己的理屈词穷，真正认识到自己的价值观存在问题，再以合理的信念让孩子体会到正确行为观点的结果与效果，以此改变其不合理的信念。

第二，改变教养方式，建立温馨环境。首先，父母应该就教养方式达成一致，而不是为孩子争吵。其次，父亲应该减少溺爱，可以改变为民主型教养方式，既不减少满足孩子的需求，又能够和孩子共同制定进步目标，引导孩子减少不良行为；母亲也应该改变打骂教育，采取树立权威型教养方式，即不降低对孩子的要求，耐心跟孩子解释遵守准则的必要性，拉近距离，增加理解。最后，父母应该积极和老师保持联系，了解孩子在学校的表现，就教育问题随时向老师请教。

第三，培养自尊自信，提高自我效能。日常生活中，父母应该留心观察孩子的长处，如书法、唱歌、跳舞或者画画等方面，就这些特长多多鼓励和夸奖孩子，通过这种直接正强化的方式增强孩子的信心；与其他孩子比较时，可以通过替代强化来增强孩子的信心，如告诉孩子能做得一样好就可以得到一样的奖励，而不是仅仅指责孩子的不足或者夸奖别人的优点，让孩子亲身实践正确的处事方式和体会获得肯定的感觉，这样才能真正提升孩子的自尊和自信，才能使孩子在面对其他事件的时候也充满信心。

第四，人本主义心理学家罗杰斯认为，人基本上是诚实的、善良的、可以信赖的，而那些“恶”的特征是由于防御的结果而并非出于本性，并且他认为每个人都有自我实现的倾向，只要在适宜的环境中都能够调整自己的行为，达到良好的适应。戚戚本质上也是在乎友谊的，希望得到别人的关心和肯定，只是因为这些需求没有得到满足而产生了问题行为。因此，家长应该密切关注孩子的成长和发展，满足孩子归属和爱的基本需求，老师也可以给孩子提出更进一步的目标，循序渐进帮助孩子形成恰当的行为反应。

危机案例分析

“夺”爱

一 个案基本信息

小豪，男，15岁，家庭完整，父亲初中学历，个体企业主，母亲小学学历，在工厂工作，有个小妹妹。小豪在幼儿园大班之前由奶奶在老家带大，读大班时才回到父母身边。平时父母比较忙，又不善言辞，与孩子沟通较少。父母教育方式比较简单，经常以训诫教育为主，期望孩子学习好一点，考个好点的高中。

生活事件：自从家里有了小妹妹后，父亲会花更多的时间在妹妹身上，导致其内心不满，通过极端的方式来引起父母的注意，譬如一不顺心就会哭闹、自残等。情绪难以控制时，有呼吸急促、心跳加快等现象。

（一）班级表现

与同伴有一点矛盾就会独自流泪，甚至自残，谁劝都没用，心理比较脆弱。同学看到这种情况，都不敢接近他，导致同学关系紧张，同学也很少主动去招惹他。但有时他自己会做出扰乱行为，同学说他几句就会令他心情不好。很想与同学交往，但又不会交往。

生活事件及处理：早晨洗漱时，因问同学讨洗面乳洗脸而遭拒绝，还被说了几句,想想心里挺难受的,第一节课就开始哭泣,下课后直接跑出教室到操场哭泣。

班主任找两个和他相对亲近的同学去操场陪他聊天,同时再次叮嘱班级同学,不要和他发生正面冲突，并请心理老师给予辅导支持。

（二）课堂表现

学习态度尚可，能跟着老师节奏认真听讲，遵守课堂纪律，由于学习基础较差，学习能力一般，作业和学业情况较差。

（三）自我反馈

我最大的困扰就是同伴关系，想找一个知心朋友，特别是异性朋友。与同学发生矛盾，容易生气，甚至会自残。对语文和科学比较感兴趣。

二 心理体检评估

（一）艾森克个性测验（耗时 00：06：30）

精神质（P）：提示被试无明显的古怪、偏执、冷漠等性格特征，能接纳和理解同伴，富有同情心和人道主义精神，人际关系良好，一般不会表现出古怪、不平常的行为。（标准分 40）

内外向（E）：表现为典型的内向性格特征，喜欢安静，独自思考，爱看书，不喜欢接触较多的人，与人交往时保持一定的距离，生活、学习有规律，思考问题严谨。做事情计划性强，考虑问题瞻前顾后，言语较少；对他人的话较敏感，行为孤僻，踏实可靠。（标准分 30）

神经质（N）：表现为典型的情绪不稳定，对各种刺激的反应都过于强烈，情绪激发后很难在短时间内平静下来，极易焦虑、紧张、发脾气，强烈的情绪反应影响其与他人的交往，容易与人发生冲突，睡眠不安，容易出现各种身心问题。

（标准分 70）

掩饰程度（L）：提示被试存在明显的掩饰倾向，所回答的问题欠真实，很少袒露自己的内心体验，有时表现为高低不一。一般来说，年龄越大，该项测试的得分越高，请根据被试的具体情况具体分析。（标准分 60）

（二）SCL–90 症状清单（耗时 00：05：00）

强迫症状（中度）：反复做的动作明显增多，一天中有几个时段忘性大，注意力不能集中，头脑一片空白，难以做出决定，难以完成所做事情。

人际关系（中度）：同异性相处时感到不自在，有时感到比不上他人。

抑郁（轻度）：偶尔会感到精力下降以及孤独、苦闷。感到事情比以前难做。

焦虑（轻度）：有时会觉得心跳加快、心神不宁，有紧张感，要赶快把事情做完。

敌对（中度）：有时会烦恼和激动，不能很好地控制自己的脾气和情绪，会与人争论，有想破坏东西的冲动。

恐怖（轻度）：有时怕黑或害怕一个人独处，但不会对正常生活学习产生影响。

偏执（轻度）：性格固执。有时会有敌对性，感到别人不可信任。

精神病性（轻度）：偶尔有幻听，觉得旁人能知道自己的想法，即使和别人在一起也感到孤单。

（三）生活事件心境筛查

近几周，有几天做事提不起兴趣；有几天感到心情低落、沮丧或绝望；每天感觉无精打采。

三 归因分析

小豪因为缺少与同伴沟通技巧，造成人际关系紧张，不能很好地调整自己的情绪，具体原因如下：

首先，小豪的人格类型属于敏感型，容易把生活中的事情放大，把他人的行为归因为不喜欢自己。

其次，家庭环境因素影响。小豪从小和奶奶生活，与父母的交流比较少，平时父母也是以训诫教育为主，他的情绪找不到宣泄口，容易憋在心里，越堆越多。由于心思细腻，看到父亲在生活中对妹妹的宠爱和照顾，对自己却是一副严厉的面孔，容易产生他们“不爱我，只爱妹妹”的想法。

再次，缺乏人际交往的策略。在学校中没有特别满意的同伴关系，会产生孤独感，归属需要得不到满足。

最后，缺乏情绪调节的策略。处于青春期的小豪，受激素分泌的影响，情绪起伏较大，又不能很好地进行调节，从而影响人际关系。

四 干预策略建议

第一，学会合理调整自己的情绪。首先，要明白负向情绪并不是坏事，但要学会合理地表达情绪。其次，看是否有不合理的信念，把他人无意的一句话误解成在针对自己。再次，当情绪不好的时候，试着去解决问题，想想为什么自己会产生这个情绪，是和同学发生了什么矛盾，同学是什么想法，我是什么想法，站在对方的角度去思考一下这件事，也从他人的角度思考大家会喜欢和什么样的人做朋友。最后，学会合理地表达自己的情绪，比如和爸爸交流：“你有时候会忽视我，我觉得有点伤心。”这样，爸爸也能理解他，同时也知道了他的需求。

第二，及时联系家长。由于个人性格，他需要获得更多的爱和照顾。家长需要表达对他的爱，也要和他说：“并不是有了妹妹就不爱你了，我们依然爱你，并且现在是多个妹妹一起爱你。妹妹现在还小，需要我们的照顾，你已经是哥哥了，爸爸妈妈相信你能做得好。”在家里的时候，不仅要照顾二孩，还要照顾大孩，让他有被爱的感觉。

第三，发现自己的长处。小豪情感丰富，心思细腻，是比较适合学习语文的，刚好也对语文学科感兴趣，可以推荐他阅读书籍，在不影响学业的情况下，他的情感可以通过文学找到宣泄口。语文成绩提高的同时，自信心也会随之增强。

危机案例分析

应激困难的雯雯

一 个案基本情况

雯雯，女，16岁，外来务工家庭，有一个在工作的哥哥，家庭完整。父亲初中学历，在超市工作，母亲初中学历，在幼儿园做保育员，夫妻关系较差。

家庭教养方式：父亲比较宠溺，母亲有严格管教的愿望，但又比较迁就和软弱。对待孩子的教育问题上，父母意见往往不一致，导致雯雯对母亲非常不尊重，在家处于无人敢管的状态。

既往史：小学六年级开始有自伤行为，一直到初二上学期时有发生。

（一）班级表现

在校能遵守校纪校规，尊重老师，但师生交流不多，与同学关系一般，大多能友好相处，也有几个关系较好的同伴，但时常表现出心思细腻、敏感，易将别人无心的言语投射到自己身上，引起伤心、难过，总体表现为孤独、不合群。

（二）课堂表现

学习态度尚可，能够积极做笔记，参与课堂互动，学业水平一般。偶尔也会发呆，情绪低落，时而会与同桌发生口角，存在言语过激行为。

（三）自我反馈

感觉自己被同学针对和排挤。和同学待一起时心里会很不舒服，不在一起又感觉很孤独，心理有落差，感觉自己是多余的。总感觉同学都是钩心斗角的，会在背地里说闲话，很难找到信任的同学倾诉。总感觉老师针对自己，为啥让不爱学习的坐前面，让我的座位换到后面；纪检委员被撤，认为班委选举有黑幕。跟同学发生口角，因为她们总是让我花钱，觉得同学因为我没钱，看不起我。

生活事件及处理：课堂上因一件小事与同桌发生口角，言语非常过激，不听从老师劝阻，情绪突然崩溃，要母亲立即到校接她回家，老师安抚后仍无法控制。自述开学以来一直很压抑，有时情绪上来会呼吸急促，心跳加快，有种莫名其妙的难受，感觉很累且越来越控制不了，太难受了。

建议家长带回就医，诊断为重度焦虑、重度抑郁，医生建议住院治疗，家长觉得是浪费钱，以无法照顾为由，拒绝孩子住院治疗，最后配了两种缓释药进行院外治疗。

二 心理体检评估

（一）艾森克个性测验（耗时 00：05：38）

精神质（P）：好独身，不关心他人。缺乏同情心，感觉迟钝，对人抱有敌意，即使对亲友也是如此，喜欢一些古怪的不寻常的事。（标准分 70）

内外向（E）：属于中间性格特征，无明显喜欢活动和安静的特点，做事情不冲动但也不过分犹豫不决，态度平淡，热情而不失控，有节而不保守。（标准分 50）

神经质（N）：表现为典型的情绪不稳定，对各种刺激的反应过于强烈，情绪激发后很难在短时间内平静下来，极易焦虑、紧张、发脾气，强烈的情绪反应影响其与同伴的交往，容易与人发生冲突，睡眠不安，容易出现各种身心问题。（标准分 65）

掩饰程度（L）：被试无任何掩饰倾向。（标准分 50）

（二）SCL-90 症状清单（耗时 00：03：59）

强迫症状（重度）：做事反复做的动作明显，影响日常生活；注意力不易集中，记性较差，不能摆脱头脑中不必要的想法，做事难以做出决定。

人际关系敏感（重度）：感情非常容易受伤，常有自卑感，总感到比不上他人，对别人讲话比较留心，常担心别人会议论自己，在公共场合感到很不舒服。有时显得神经过敏，偶尔会表现出被动攻击，影响其人际关系，朋友较少。

抑郁（重度）：经常责怪自己，感到任何事情都很难做到，容易伤感哭泣，对异性兴趣减退，感到非常孤独。

焦虑（中度）：常无缘无故地感到害怕，心跳得很厉害，觉得熟悉的环境变得陌生，但过一会儿会有所缓解。

敌对（重度）：时常有想打人或摔东西的冲动，容易激怒，不能控制自己的情绪和行为。

偏执（中度）：怀疑性明显，不轻易相信他人，常常感到别人想占自己的便宜，对自己的成绩没有做出正确的评价。

精神病性（轻度）：偶有幻听，觉得旁人能知道自己的想法，即使和别人在一起也感到孤独。

三 归因分析

首先，有研究表明，父母之间的关系亲密度对孩子的情绪与行为问题有显著的反向预测作用，即父母之间的亲密度越高，孩子的情绪与行为问题越少，父母之间的亲密度越低，孩子的情绪与行为问题就越多。雯雯父母之间关系较差，与父母沟通不畅，是导致其情绪难以控制的原因之一。

其次，父母的教养方式不一致。持续性发生类似的家庭教育问题，会让雯雯左右为难，不知如何是好，导致其对父母双方的教养方式都会持否定态度，从而不再尊重、信任父母，造成其不良情绪不断积压，无处释放，表现为孤独、多疑、焦虑等心理特征。

再次，安全感缺失。尽管父亲比较宠爱雯雯，但是给予孩子的陪伴和正面管教却很少；而母亲既想严厉，但又碍于父亲的宠爱，还是会选择迁就。这种亲子关系是焦灼的、不稳定的，在家庭中缺失了与人交往的经验。因此，作为处于青春期的雯雯，应该是在比较尴尬的情况下接受着父母各自的迁就和宠爱，才导致其在人际交往中不能以正确的方式处理和同学之间的小矛盾，出现更多的敏感、心思细腻，且容易感受到伤害。

最后，青春期自我意识开始觉醒。青少年已能完全认识到自己是一个独立的个体,要求独立的愿望日趋强烈。这一时期的孩子在遇到挫折时不愿求助他人，与此同时又产生了亲密关系的需求，但这种社会关系尚未建立，从而产生孤独的心境。

四 干预策略建议

第一，构建和谐的家庭氛围。适当改善父母之间的亲和度，给孩子一个轻松、愉快和温暖的家庭环境，有助于改善亲子关系，有助于培养孩子的自信心，让孩子感受到家庭是温暖的、安全的。

第二，改变家庭的教养方式。父母对待孩子的教养方式不能各自为政，你一套我一套，需达成共识，形成合力。父亲在宠爱孩子的同时，也需要多陪伴交流、多沟通指导，一味的宠爱就是溺爱。作为母亲，该管的时候还得管教，但须与其父亲达成共识，多听听孩子的诉求，给予适时的指导和帮助。家长与孩子沟通时，尽量少用批评，要多用鼓励和赞赏的语言。

第三，开展微型团辅训练。老师可以通过预设相关的冲突情景，组织开展班级微型团辅活动，运用焦点解决技术和学生一起探讨如何处理同伴矛盾问题，让班级同学从中学习到如何迅速冷静下来、如何从他人的角度出发以及如何正确处理问题。

第四，增加交往机会，强化交往技能。学校老师尽量鼓励班级同学与雯雯耐心交往，减少冲突发生。同时，让雯雯能够将情景训练中学习到的技能加以实际运用，也感受到与他人交往的温暖和友谊的美好。

危机案例分析

是非女孩

一 个案基本情况

小慧，女，16岁，离异家庭，父亲为监护人。父母均为初中学历，父亲是某企业职工，母亲以打工为生。九年级时父母离婚不离家，共同照顾孩子。进入高中后，母亲离开H市，小慧与父亲共同生活。

父亲比较溺爱小慧，其在家与父亲交流不多，与母亲交流相对多一点，但母亲负性情绪较多。小慧在家容易闹情绪，烦躁不安的时候有自伤行为，父母都不敢刺激她，认为是青春期叛逆。

既往病史：在八年级时被医院诊断为中度抑郁，有住院治疗和服药史，但父母并不认为孩子有抑郁症，很少关注孩子的服药情况，至九年级下半学期停药。

（一）班级表现

在校与老师交流尚可，同伴关系较差。比较敏感，容易从消极方面看待事情，讲话尖酸刻薄，对他人要求很高，对自己要求很低，经常传播负能量；在班级里爱管闲事，时常在言语上搬弄是非，中伤他人，容易与同伴发生矛盾。自身又任性妄为，情绪容易激动，经常会做出不计后果的过激行为（如砸东西、自伤）。

生活事件：因搬弄是非引起同学们的反感，要求其当面道歉。当时老师在场的情况下，认错态度还好，但过后就会做出哭泣、大喊大叫、与同伴争执等行为。经常在老师面前说一套做一套。

（二）课堂表现

学习态度较差，课堂比较“活跃”，会随意插嘴；接受能力较弱，学业水平较低，也不太愿意写作业。

（三）自我反馈

我最近状态很好，喜欢画画。遇上了一个喜欢的人，而且很优秀，所以会督促自己学习、写作业；有与他一起读大学的愿望。

二 心理体检评估

（一）艾森克个性测验（耗时 00：05：38）

精神质（P）：提示被试的精神质在正常范围内，能与其他人正常交往，无明显固执、古怪、麻烦等表现，能善待其他人，会关心他人，表现出一定的同情心和人道主义精神，人际关系较好。（标准分 55）

内外向（E）：表现为典型的内向性格特征，喜欢安静，独自思考，爱看书，不喜欢接触较多的人，与人交往时保持一定的距离，生活、学习有规律，思考问题严谨。做事情计划性强，考虑问题瞻前顾后，言语较少；对他人的话较敏感，行为孤僻，踏实可靠。（标准分 35）

神经质（N）：表现为典型的情绪不稳定，对各种刺激的反应都过于强烈，情绪激发后很难在短时间内平静下来，极易焦虑、紧张、发脾气，强烈的情绪反应影响其与他人的交往，容易与人发生冲突，睡眠不安，容易出现各种身心问题。

（标准分 65）

掩饰程度（L）：提示被试对问题回答真实，具有较高的可信度，无明显的掩饰倾向。（标准分 50）

（二）SCL–90 症状清单（耗时 00：04：19）

躯体化（重度）：躯体症状明显，如头痛、腰痛等加剧，情绪烦躁不安；浑身无力。

强迫症状（重度）：每天有 4—6 小时重复某些动作，影响日常生活学习，忘性大，不能集中注意力，不能摆脱头脑中不必要的想法，做事难以做出决定。

人际关系（中度）：对别人讲话比较留心，常担心别人会议论自己，有时会感到别人不理解、不同情自己。

抑郁（重度）：经常责怪自己，感到任何事情都很难做，容易伤感哭泣，对异性的兴趣减退，感到非常孤独。

焦虑（中度）：常无缘无故地感到害怕，心跳得很厉害，觉得所熟悉的环境都变得陌生，但过一会儿会有所缓解。

敌对（轻度）：偶尔有想摔坏或破坏东西的冲动，有时不能控制自己的情绪。

恐怖（轻度）：有时怕黑或害怕一个人独处，但不会对正常生活、学习产生影响。

偏执（中度）：怀疑心明显，不轻易相信他人，常感到别人想占自己的便宜，对自己的成绩没有做出正确的评价。

精神病性（中度）：经常有幻听，感到别人能控制自己的思想，感到自己的身体有严重问题，感觉孤单。

三 归因分析

首先，个人主观因素。根据埃里克森人格发展八阶段理论，小慧目前处于青春期阶段，面临着自我同一性和角色混乱的冲突。青春期个体本身情绪变化不稳定，有明显两极化的特点。小慧本身性格偏内向，且容易情绪不稳定，出现焦虑、不安的情绪，同时有一些偏执、强迫的想法，更容易产生心理问题，导致小慧更容易产生过激行为。

其次，家庭因素。小慧家庭为离异家庭，与母亲交流较多，但母亲经常表达负性情绪，她可能模仿母亲的情绪发泄方式，同时在母亲面前情感表达长期受压抑，容易出现一些任性的行为，加上父亲的溺爱，没有及时制止消退小慧的某些不良行为和情绪表达。

再次，同伴关系。小慧同伴关系不好，对于青春期的学生来说，同伴是一个很重要的支持系统。

最后，个体既往史。小慧有抑郁症的既往史，且住院服药，出现过严重心理问题,但是由于父母不够关注,她没有按时按量完成治疗计划,容易导致抑郁复发。

四 干预策略建议

第一，人本主义。采用真诚、温暖、共情等治疗技术以及无条件积极关注的方法与小慧建立良好的咨询关系，取得小慧的信任，使她感受到被人理解、支持，获得力量。另外，从小慧的自我反馈可以看出，她有改变的力量存在，可以以此为切入点，帮助小慧发生改变。

第二，认知调整。帮助小慧认识到在处理人际问题时自身的一些错误行为，比如对别人要求高、对自己要求低等，帮助她认识到这些行为会使他人感到受伤，激发其改变的动机。

第三，行为矫正。小慧情绪激动的时候，会采取砸桌子等自残行为，严重影响她的身心健康，也会对人际关系造成影响，可以采用制订行为计划、强化自我管理等应对方式帮助小慧矫正行为。老师可以指导一些正确的宣泄情绪的方式，例如绘画等。同时，针对小慧同伴关系的问题，给予一些处理同伴关系的技巧，帮助她改善同伴关系。

第四，家校合作。可以看出小慧比较听老师的话，老师与家长一起商议，多方合作，共同帮助小慧获得改变；同时要求遵医嘱，在抑郁症发作时积极治疗，药物治疗配合心理辅导，老师和家长时刻保持联系，多方共同重视。

第五，关注个体自身发展。有了喜欢的人，而且对方很优秀，可以引导其向他学习，一起努力考上大学，成为一个学习的外部动机。适当地引导她正确的恋爱观，防止在恋爱中受到伤害。

典型案例研究

一则运用认知疗法重塑青春期女生自信心的案例分析

一 案例事件回顾

“老师，小凡和奕打起来了，教官去拦的时候手都被抓破了……”班长气喘吁吁地跑过来。远远看去，军训场上，小凡和奕的中间站着教官，班上其余同学都已经站在了奕的边上。奕低着头，而小凡双腿分开站立，双臂放在身体两侧，捏紧着拳头，胸廓因气愤起伏得厉害。

小凡又惹事了。这是本周小凡继课堂上掀翻桌子后的第二次发脾气。而这次则是因为一个高个子的同学在教官发出指令时插了一句“为什么不是从矮到高报数”……

二 个案基本情况

小凡，女，五官端正，与同龄人相比身高偏矮，肤色略显黝黑，因过于肥胖，走起路来稍显摇晃。学业水平较低，在班级很少说话，基本都是一个人在看书。嗓门大，食量大，力气大，在学校里搬重物主动选重的搬。据她父亲反馈，孩子也经常主动为家里扛桶装饮用水或大米，他自己扛上四楼都觉得累，但孩子中途也就休息一次，是个名副其实的“女汉子”。脾气较为暴躁，有时甚至打人、骂人。有精神类药物服用史，常备安眠药。刚送入我校时，父亲提出孩子不能上体育课，并出具了医院证明。

三 个案问题归因分析

（一）生物学原因

自述因长期服药，肝脏不好，无其他器质性病变。

（二）社会家庭原因

小凡是家里的独生女，但在小学三四年级时，父母离婚，小凡跟着父亲生活，其母已经成立新的家庭。父亲有大学学历，也是公司技术部门主管，但话语很少，对于孩子母亲，更是不愿提及。当笔者向父亲转达孩子对母亲的想念或是孩子希望母亲来参加学校的亲子活动时，父亲很难过也很无奈，表示孩子好像一直走不出这个阴影，提这种不可能实现的要求。家访中发现，家里的房子是父亲单位分的，较老旧也不大，平时父亲睡在阳台，女儿睡在房间唯一的大床上。除了去学校，小凡要么跟着爸爸去单位上班，要么待在家里。在孩子的眼中，爸爸全身心扑在工作上，人际圈也很简单，但爸爸经常受气。孩子很心疼爸爸，也暗暗下决心要让自己变得更加强壮，不能让别人欺负爸爸和自己。所以，在小凡的社交系统里，只有来自父亲的支持，缺少其他支持系统。父亲的人际交往也没有为孩子树立一个比较好的榜样，反倒激发了孩子想要保护爸爸、支撑家庭的信念。

小凡原来的学校是普通学校，班级人数多，学业压力大，老师对特殊学生的管理心有余而力不足。对于小凡与同学间的矛盾冲突和破坏公物等违纪行为，一般采取的是说教和惩罚式教育，未能深入分析，更没有从根本上解决问题。

（三）心理原因

一直以来，小凡都很敏感，认为自己长得不好看，特别忌讳别人说“胖”“蠢”“黑”等字眼儿。有一定的自卑心理，经常采用自我否定评价，主观推断不会有同学成为她的朋友，认为自己什么事情都做不好，没有任何优势。对于父母的离异，她总认为是自己不够好，所以妈妈要离开自己。由于小凡成长的环境和性格方面的原因，她很少与人来往，觉得与别人没有话语可谈，经常一个人独处。人际交往能力的欠缺，加上情感表达方式存在一定的问题，使她在集体内很不受欢迎，甚至处于被同伴排斥的地位，从而人际关系越来越淡漠。她也痛恨别人对她家人评头论足，常因此跟同学产生矛盾、冲突。同时，她又有极强的自我保护意识，对于老师的批评教育有抵抗情绪和行为。

四 辅导策略与过程

根据小凡的情况，为使其克服同伴交往的障碍，走出生活的阴影，首先要与其建立良好的信任关系，然后再调整她对自我及他人的认知，指导她的人际交往行为，同时也要协调她周围的环境，特别是班级环境。

1. 建立正确的自我认识，提升自信

自信心是一种反映个体对自己有能力成功地完成某项活动的信任程度的心理特性，是一种积极、有效地表达自我价值、自我尊重、自我理解的意识特征和心理状态。爱尔兰戏剧家萧伯纳曾经说：“有信心的人，可以化渺小为伟大，化平庸为神奇。”在我们的生活当中，自信心起到尤为重要的作用。

在与小凡建立良好信任关系的基础上，笔者与她谈论的第一个主题就是正确认识自己，客观评价自己。我们从她的相貌说起，找到可取之处。事实上，她除了身材较胖、皮肤黑以外，五官还是很端正的，特别是长睫毛下的眼睛很好看，

一副整齐洁白的牙齿，嘴边的小酒窝让她笑起来非常可爱。鼓励她要多笑一笑，不仅能展示自己的优点，还能拉近人与人之间的距离。也给她布置梯级任务，为了自己的身体健康和体型美，要管牢嘴、迈开腿，坚持体育锻炼。在学校半军事化管理模式下，那张不能上体育课的医院证明从来没有生过效。其实，那张医院证明只是小凡的父亲基于她在原校的表现，为了避免孩子在新环境中再因跑步与老师发生冲突而去医院开具的。参与跑操，这在其他同学看来是很正常的事情，成了小凡一个自信的开始。因为她意识到，自己也可以和其他同学一样完成集体活动，她也可以为班级争光。

2. 合理化不良行为，发现闪光点

美国心理学家威廉·詹姆斯有句名言："人性最深刻的原则就是希望别人对自己加以赏识。"表面上，小凡表现出一副无所谓的态度，其实，她比其他学生更渴望得到老师的表扬。基于这一点，老师要注意去发现小凡身上的闪光点，用放大镜去捕捉她的优点，用缩小镜去看待她的缺点。

由于曾经有过很多违纪行为和处分，小凡给自己贴的标签就是一个坏学生。她毫不忌讳地诉说自己在原校时如何发脾气，如何与同学打架。但老师深刻地感觉到，她希望老师能帮她去理清这些经历带给她的影响。

"事出必有因"，"没有谁天生就想要做一个坏孩子"。小凡的不良行为，经常发生在感觉自己受排挤或嘲笑后，或者自己的家人没有得到尊重时。带着对她足够的包容和信任，我表示理解她那时的脾气发作，可能是环境所致，不良情绪累积久了才会爆发，这些并不能说她的本质是一个坏学生，而是她缺乏自信，有时误读别人传达的信息，在处理人际关系和情绪控制上，也需要学习一些方式方法。同时，对于她想保护家庭成员的责任心以及对父母积极美好的愿望表示肯定和赞许。将小凡的不良行为进行合理化，让她放下内心沉重的包袱，与过去说"拜拜"，在新的环境中塑造一个全新的自我。

在日常的班级管理中，有意无意地肯定她的善良、坦诚以及在新环境中取得

的进步。老师还发现该学生很喜欢看历史书，在一个合适的时机，让她开始担任历史课代表。

3. 改变认知，提高人际交往能力

认知疗法认为心理问题是源于一般过程，如错误的思维、在信息不足或信息错误的基础上进行的不正确推理；导致不适应行为和情绪的根本原因是错误的认识过程和观念。只要纠正错误的观念和认知，就可以改变不适应的行为和情绪。

小凡的认知模式中存在错误的观念，觉得是因为自己在原校表现不好、不乖，妈妈才离开自己。老师引导她重新认识父母离婚的事实，让学生认识到爸妈离婚，是他们之间的感情出了问题，与她的表现无关。学生提到，妈妈的现任丈夫也就是小凡口中的叔叔对自己很好。笔者顺势引导她，她还是很幸运的，她不是少了妈妈，而是多了一个关心自己的叔叔。

在解决问题时首先要冷静，态度真诚、友善。另外，问题的解决离不开面对面的积极沟通，先专注地倾听他人的想法，正确把握他人想传递的信息，再表达自己的想法，各自说出想说的话，避免因不断猜测而导致误会，扭曲事实。只有通过有效沟通，澄清事实，把话说开，才能进一步解决纠纷，处理问题。同时，要积极参加班级活动，提高自己的人际交往能力。

4. 班级团体辅导，营造良好氛围

在小凡不知情的情况下，我约谈了班上其他同学，进一步了解小凡与她们的关系。她们说其实平时寝室气氛不错，也会分享心事，只是小凡喜欢一个人看书，对她们的话题好像不感兴趣，也很少暴露自己的想法。再加上小凡经常将别人对她的好意误解为恶意，使得同学对她避而远之。我告诉她们，小凡看着谁都不理，其实内心是很自卑而敏感的，渴望大家的关心和尊重，希望大家多包容她，帮助她，主动关心她。

同时，开展班级团体心理辅导活动“人生若只如初见”“优点大轰炸”“学会合作”等，同学们真诚地肯定她不矫揉造作，不怕脏，不怕累，在班级需要做体

力活时，从不推卸，自告奋勇搬最重的东西；喜欢看书，知道很多他们不清楚的历史故事。通过团辅活动，让小凡看到自己在别人的眼中也是有可取之处的，同时也增进了她对同学们的了解，增强了她与人友好交往的意愿，使班里形成团结、和谐的人际关系。

5. 家校联手，搭建心桥

对于学生的教育，学校作用固然重要，但更离不开家长的支持。为了做到学校教育和家庭教育的有机统一、良好配合，笔者通过家访、电话、微信等形式与小凡的家长保持沟通交流，除了交流家庭教育指导，还经常发送小凡在校的进步和优秀表现照片给家长，反馈小凡在校情况，让家长对她越来越有信心，能够以积极的眼光来看待孩子，提醒父亲要关注女儿青春期身心的发展情况。同时，创造亲子接触的机会，如亲子烧烤、真人 CS、家长会等，在学校与家庭的共同引导下，逐渐塑造学生的健康心理。

五 辅导效果与思考

小凡认为自己现在的心情很好，课余时间会与同学一起聊聊天，没有再发生发脾气、与同学打架的情况。父亲认为女儿精神状态改变很大，笑容多了起来，学习比以前主动，也更加懂礼貌，毕业时被评为“校级行为规范示范生”，并被自己心仪的专业录取。

我们眼中孩子的“不良行为”其实是一座金矿，每一个教育者都应该像采矿工一样，去挖掘那些闪光的地方。当学生出现我们通常所说的不良行为的时候，我们需要改变原来的看法，从一个新的角度给它重新定义，赋予一种积极的意义。当学生出现大吼大叫等无理取闹的行为，实质就是他与生俱来的一种本能退行，撑起了自己的保护伞，让自己在伞里躲避从外界感受到的伤害。我们应该从这种行为里看到学生真正想表达的意思：“我很难过，你伤害了我。”当学生受到外界刺激或者质疑时，会感到自己没有被理解和接受，感到所有人都离自己很远。此时会出现存在性焦虑，会担心没有人看到“我”的内心，从而制造出很大的动静，提醒对方关注自己，其实是为了引起外界对自己内心需求的关注。作为教育工作者，我们要看到学生行为背后的需要，这样才能更好地陪伴其度过人生中的关键时期。

（杨晓慧）

名人有话说

品德首先是在人们相互交往中形成的。——**[苏]苏霍姆林斯基**

朋友看朋友是透明的，他们彼此交换着生命。——**[法]罗曼·罗兰**

撇开友谊，无法谈青春，因为友谊是点缀青春的最美的花朵。——**[日]池田大作**

匹夫不可以不慎取友。友者，所以相有也。——**〔战国〕荀子**

亲子关系篇

有观点认为，18 岁之前，孩子的问题源于家庭，比如孩子表现出自卑、懦弱，研究认为父母其中必然有一人是苛求之人，自卑、懦弱的孩子是干涉型家庭教育的结果；孩子表现出脾气暴躁，研究认为父母必然有一人脾气不好，习惯通过发火这种不良方式与人沟通，脾气差的孩子往往是干涉型家庭或暴力型家庭教育的结果。很多时候，孩子和父母的冲突来自孩子青春期自我意识形成和不当的家庭教育之间的矛盾。

面对这样的现状，心理辅导绝不只是针对青少年儿童个人的辅导，而且是针对学校系统、家庭系统的辅导，在青少年儿童的“重要他人”中，家人显然占据最重要的地位。随着社会的转型，许多家长自身的心理困扰尚且没有得到解决，给青少年儿童带来的困扰也就更加沉重而难以自我调节。因此，心理辅导应该通过围绕学生的问题，针对家庭不良的互动模式进行“扰动”，从而改变家庭环境及不良教养方式，使家长系统了解青少年学生的心理特点及心理需求，更多地运用民主、平等、积极的教养方式对待孩子。

危机案例分析

出口成“脏”的小 R

一 个案基本情况

小 R，女，16 岁，某市城郊接合部居民，父亲是司机，大专学历，母亲初中学历，自由职业者，离异家庭，现由父亲监护抚养。父亲教养相对严厉，但比较关心女儿，也经常给零花钱，平时父女之间交流还算畅通。可父亲发脾气的时候很凶，用其父自己的话说，“我发起脾气来可以吓死她”，“这家伙不服管，一定要严厉”。而小 R 对父亲抱怨较多，说经常不给钱花（事实是给的），周末经常外出与男生在一起，有早恋迹象，爱说谎，父女关系亲密度一般。

（一）班级表现

小 R 屡次跟班主任提起想读某某高中，但平时执行力较低；对学习和作业不上心；脏话、粗话较多，行为习惯较差；喜欢顶撞老师；在班级有霸凌现象和一定的煽动性；看重金钱，爱慕虚荣；经常炫耀自己在校外有男朋友。

生活事件及处理：有次小 R 在队列行进中姿势随意，班主任指出其存在的问题，让其纠正，结果小 R 就口出脏话，大声顶撞老师，极不配合。

先处理情绪，再处理事情。使其单独冷静反思，避免发生师生冲突和给同伴带来消极影响；两位老师一唱一和，动之以情，晓之以理，指出问题，同时告知当时情形下该如何处理的方法；书面梳理事情经过，并分析前因后果；文本形式反复强化“小 R，你要文明用语”。

（二）课堂表现

上课喜欢表现，善于表达，经常回答问题，但绝大部分回答错误；无法控制不和周围的同学讲话；经常提示老师某某同学啥事没做好，然后马上要求老师给自己加分奖励。

（三）案例点评

一个半月，总共提到换了三个“男朋友”，前两个自己比较喜欢，但“男朋友”们都不太喜欢她。现在虽然和第三个在一起，但自己并不怎么喜欢。但隔了一周，觉得与现在的“男朋友”在一起很甜，想要在一起很久。

二 心理体检评估

（一）艾森克个性测验（耗时 00：04：41）

精神质（P）：提示被试的精神质在正常范围内，能与其他人正常地交往，无明显固执、古怪、麻烦等表现，能善待其他人和小动物，会关心他人，表现出一定的同情心和人道主义精神，人际关系较好。（标准分 50）

内外向（E）：属于中间性格特征，无明显喜欢活动和安静的特点，做事情不冲动但也不过分犹豫不决，态度平淡，热情而不失控，有节而不保守。（标准分 45）

神经质（N）：表现为典型的情绪不稳定，对各种刺激的反应都过于强烈，情绪激发后很难在短时间内平静下来，极易焦虑、紧张、发脾气，强烈的情绪反

应影响其与他人的交往，容易与人发生冲突，睡眠不安，容易出现各种身心问题。（标准分 90）

掩饰程度（L）：提示被试无任何掩饰倾向，所回答的问题真实可信，行为纯朴，言行一致，容易袒露自己的内心体验。一般来说，儿童年龄越小，该项得分越低。（标准分 15）

（二）SCL-90 症状清单（耗时 00：03：49）

躯体化（中度）：经常有头晕、头痛、恶心、胃部不适、心慌、胸闷、疲乏、虚弱等躯体不适的感觉。

强迫症状（中度）：反复做的动作明显增多，一天中有几个时段忘性大，注意力不能集中，头脑一片空白，难以做出决定，难以完成所做事情。

人际关系（重度）：很少与异性交往，感情非常容易受到伤害，常有自卑感，总感到比不上他人，在公共场合感到很不舒服。但对别人的评价非常在意，有时显得神经过敏，偶尔会表现出被动攻击，影响其人际关系，朋友较少。

抑郁（中度）：有时感到精力下降，对事物不感兴趣，对前途失去信心，孤独感增加。

焦虑（中度）：常无缘无故地感到害怕，心跳得很厉害，觉得所熟悉的环境都变得陌生，但过一会儿会有所缓解。

敌对（重度）：经常有想打人或想摔东西的冲动，容易激怒，不能控制自己的行为和情绪。

恐怖（中度）：不敢在黑暗中独处，怕单独出门，因为害怕，会刻意回避某些事物。

偏执（中度）：怀疑性明显，不轻易相信他人，常感到别人想占自己的便宜，对自己的成绩没有做出正确的评价。

精神病性（轻度）：偶尔有幻听，觉得旁人能知道自己的想法，即使和别人在一起也感到孤单。

三 归因分析

首先，专制型的教养方式。父母通常使用惩罚和粗暴的方式迫使孩子顺从父母的要求，孩子也更容易被激怒，产生不愉快、不友好的情绪。小 R 父亲严厉的教养方式让孩子感到害怕，使孩子对于他人非常敏感，觉得自己容易受伤，并且对自己缺乏信心，也对他人容易产生抱怨和怀疑。

其次，心理学家班杜拉提出的观察学习，是指孩子通过观察他人的行为及结果,从而习得的某种行为。父亲的行为方式影响孩子。父亲的严厉管教和发脾气，会让孩子不经意间模仿父亲的暴力方式来解决问题，从而让孩子形成说粗话、顶撞老师等问题行为。

最后，补偿心理的作用机制。父母离异后，孩子缺少来自家庭的亲密关系，内心其实渴望别人的关怀和肯定。因此,小 R 会通过打小报告来获得老师的赞同，甚至通过交“男朋友”来得到别人的关心。

四 干预策略建议

第一，改变父亲的教养方式。不能通过发脾气来压制孩子，与孩子沟通也要少用批评和责骂的话语，要多用鼓励和赞赏的语言。要给孩子一个轻松、愉快和温暖的家庭环境。

第二，家庭治疗。父亲要注意自己的一言一行，要耐心和孩子聊天，了解孩子的真实想法，理解孩子的困难之处，让孩子认识到自己解决问题的粗暴方式是错误的，同时教给孩子正确的处理问题的方式，让孩子能够学习到恰当的行为方式。

第三，正确的发展模式，鼓励同学和小 R 交往。老师可以安排几个比较有耐心的同学主动和小 R 沟通交往，在学习和生活上给予帮助，让小 R 感受到来自同学的关心和温暖，树立她的信心。

第四，写“进步日记”，直接强化小 R 的恰当行为。老师和家长可以鼓励小 R 写“进步日记”，记录自己每天在方方面面取得的一点进步。例如，在解决冲突时减少脏话，在顶撞老师后能够主动道歉，能够主动和别的同学交往，等等，都可以记录下来，让小 R 看到自己一点一滴的进步，循序渐进成为好孩子。

危机案例分析

父与女

一 个案基本情况

小婷，女，15 岁，某市本地人，父亲初中学历，公司合同工，母亲大学学历，职业是自由贸易，父母年龄差距较大。离异家庭，由父亲监护抚养，家庭经济状况较好。父亲爱喝酒，脾气较差，与一位女性在交往；母亲离异后改嫁，育有一女，目前丈夫又去世，与娘家人在大西南做生意，幼女由现公婆抚养。

尽管小婷不太听父亲的话，但父亲还是在监管和关心孩子，亲子关系尚可，只是父亲的教养方式存在较大问题，亲子之间交流有一定障碍，周末基本是放养，以致小婷周末经常在外面混，存在不正当的异性交往现象，现由爷爷奶奶接送上下学（离校较近）。

（一）班级表现

日常行为规范考核，几乎每周都是班级倒数，行为习惯较差，语言、态度上存在许多问题，次数比较频繁，同伴关系较差。异性交往关系混乱，价值观扭曲，经常向男生索要东西，甚至是不太熟悉的男生；有霸凌现象存在，经常指挥比自己弱的同伴做事，煽动性也极强，违反校纪班规是常态，且态度恶劣，耍无赖，我行我素，拒绝班主任的教育管理。

（二）课堂表现

没有学习目标和进取心；上课无精打采，经常睡觉或讲话，特别是周一、周二；周末在外玩累后，回校就是“疗养休息”；没有兴趣和爱好。

（三）案例点评

一到学校，几乎每天都会对“男朋友”很想念。平常生活里对他很好，也为他做出了很多改变。周末带着“男朋友”和小姐妹一起玩就很嗨，也有一个认的哥哥关系很好。小婷提到自己跟爸妈说了和“男朋友”的事，爸妈不但没有反对的意思，反而很开心。见了“男朋友”的家长，双方家长都知道他们在谈恋爱，但都没有反对的意思，因此觉得自己的父母特好、特开明。

二 心理体检评估

（一）艾森克个性测验（耗时 00：03：46）

精神质（P）：提示被试的精神质在正常范围内，能与其他人正常交往，无明显固执、古怪、麻烦等表现，能善待他人和小动物，会关心他人，表现出一定的同情心和人道主义精神，人际关系较好。（标准分 55）

内外向（E）：属于中间性格特征，无明显喜欢活动和安静的特点，做事情不冲动但也不过分犹豫不决，态度平淡，热情而不失控，有节而不保守。（标准分 55）

神经质（N）：表现为典型的情绪不稳定，对各种刺激的反应都过于强烈，情绪激发后很难在短时间内平静下来，极易焦虑、紧张、发脾气，强烈的情绪反应影响其与他人的交往，容易与人发生冲突，睡眠不安，容易出现各种身心问题。（标准分 90）

掩饰程度（L）：提示被试无任何掩饰倾向，所回答的问题真实可信，行为纯朴，言行一致，容易袒露自己的内心体验。一般来说，儿童年龄越小，该项得分越低。（标准分 30）

（二）SCL-90 症状清单（耗时 00：04：25）

躯体化（重度）：躯体症状明显，如头痛、腰痛等加剧，情绪烦躁不安；浑身无力。

强迫症状（中度）：反复做的动作明显增多，一天中有几个时段忘性大，注意力不能集中，头脑一片空白，难以做出决定，难以完成所做事情。

人际关系（中度）：对别人讲话比较留心，常担心别人会议论自己，有时会感到别人不理解、不同情自己。

抑郁（重度）：经常责怪自己，感到任何事情都很难做，容易伤感哭泣，对异性的兴趣减退，感到非常孤独。

焦虑（重度）：经常神经过敏，忽然感到一阵阵恐惧，浑身发抖，心跳得很厉害。

敌对（重度）：经常有想打人或想摔东西的冲动，容易激怒，不能控制自己的行为和情绪。

恐怖（中度）：不敢在黑暗中独处，怕单独出门，因为害怕，会刻意回避某些事物。

偏执（中度）：怀疑性明显，不轻易相信他人，常感到别人想占自己的便宜，对自己的成绩没有做出正确的评价。

精神病性（重度）：经常有幻听，觉得自己的思维被别人控制，别人能知道自己的思想意念，认为自己应该为自己的过失而受到惩罚。

三 归因分析

首先，缺少家庭关爱，没有建立起安全依恋。大量研究证明，家庭因素对青少年行为的发展有很大作用。学者帕特森曾提出，父母的不当教育方式和青少年的问题行为存在着因果关系。社会控制理论也提出，如果孩子对父母的依恋较弱，那么孩子不能够为他人考虑，更不愿被规则所束缚，产生的问题行为也更多。小婷从小父母离异，和父母之间没有建立安全的依恋关系，长大逐渐变得冷漠，甚至出现不遵守纪律等问题行为。

其次，父亲的教养方式存在问题。父亲属于平时发脾气的专制型和周末的放任型，两种教养方式使小婷既容易对家庭产生不满，又容易形成任性蛮横的性格特点。同样，这两种极端的教养方式在无形之中推远了父亲与孩子之间的距离，使得父女之间的沟通也越来越难，也让孩子更加没有安全感，容易感受到伤害。

最后，缺少温馨的成长环境，未能形成正确的认知。父亲虽然监管，但是陪伴时间极少，在亲子相聚时间最多的周末，父亲却选择放养，这让小婷很少能够体会到家人对她的关心和温暖，经常感到孤单，不能学会正确的人际交往方式，因此，想要通过与其他异性交往来获得关怀。这种错误的认知模式，使小婷不能正确地认识自己的需求，不能通过恰当的方式获得别人的赞同和支持。

四 干预策略建议

第一，加强学校和家长之间的合作。家庭和学校是学生发展过程中的重要支持系统，双方主动沟通、密切合作，才能取得良好的教育效果。班主任或者其他老师应该及时让家长了解孩子在学校的情况，让家长认识到家庭教育对孩子的重要性，双方齐心协力帮助孩子树立正确价值观，回到发展正轨。

第二，改变教育方式。父亲要改变以往的教育方式，努力成为民主型家长，如合理控制自己的情绪，减少发脾气次数，更重要的是在周末不能采取放养的方式，要和孩子共同制订计划，何时学习、何时娱乐、何时休息等等，同时在完成这些计划的过程中，父亲应陪伴孩子左右，拉近与孩子距离，建立友好温馨的氛围，改善和孩子的沟通。

第三，代币制奖励，鼓励小婷更加自信。老师可以指导小婷写下自己有问题的地方，当态度、语言、行为和学习等方面取得一次进步时就给予一定的奖励，让小婷看到自己的改进；之后再由老师或家长写下其他不足，令其逐渐改变自己的不良行为，从物质奖励转变为精神奖励，从而让小婷变得更加自信。

第四，组织活动，指导交友。老师可以利用课间或者课后时间，组织一些小游戏或者小组活动，在此过程中指导小婷与他人沟通交往，提高小婷的人际交往能力，也增进与同伴之间的感情，建立平等、纯洁的同伴友谊。

第五，培养兴趣爱好。家长可以利用周末时间让孩子参加兴趣班，让孩子找到自己喜欢和感兴趣的活动，例如画画、唱歌、剪纸等等。这些活动能够让孩子集中注意力，也能增强孩子的自制力。

危机案例分析

蜕形的小王

一 个案基本情况

小王，男，15 岁，某市城郊接合部居民，家庭完整。父亲高中学历，无业，母亲初中学历，从外地嫁入，某私营企业工人。家庭收入来源主要靠出租房屋。婆媳关系紧张，奶奶会在小王面前说他母亲的种种不是，导致小王对母亲很不尊重；父母之间关系紧张，分居过一段时间，后为了孩子又在一起居住。小王和父亲的性格较为相似，很内向，几乎很少与人交流。

生活事件：小王在家情绪极不稳定，会乱砸东西，有时会整天不说话。家长对孩子的行为手足无措，只能答应孩子的各种要求，甚至给他买按摩椅，如果不答应孩子的要求，孩子会采取极端的行为方式（曾有过自杀行为）。

（一）班级表现

内向、不爱说话，情绪不稳定；感到特别无聊、无趣，总想回家；以零食来维持同伴关系；完成班级安排的任务动作较慢，敷衍为主；无兴趣爱好，也不想运动，日常较为懒散；眼睛睁不开。

生活事件及处理：元旦放假回校后，情绪低落，一个人独自流泪，在寝室里用自己的手砸墙，用头撞墙。

学校随即启动应急干预，心理老师做了心理测评并介入干预以稳定其情绪。班主任建议家长转介专业医院进行进一步筛查评估。

（二）课堂表现

上课不认真听讲，经常神游，有时会说一些无厘头搞笑的内容，来引起老师和同伴的注意，扰乱课堂纪律。作业基本很少完成。

（三）自我反馈

在学校的日子非常开心，非常适合我；感觉最近状态比上学期好多了，愿意来学校学习和生活；希望能安安稳稳地生活学习，直到毕业。

二 心理体检评估

（一）艾森克个性测验（耗时00：04：45）

精神质（P）：提示被试的精神质在正常范围内，能与其他人正常交往，无明显固执、古怪、麻烦等表现，能善待其他人，会关心他人，表现出一定的同情心和人道主义精神，人际关系较好。（标准分55）

内外向（E）：表现为典型的内向性格特征，喜欢安静，独自思考，爱看书，不喜欢接触较多的人，与人交往时保持一定的距离，生活、学习有规律，思考问题严谨。做事情计划性强，考虑问题瞻前顾后，言语较少；对他人的话较敏感，行为孤僻，踏实可靠。（标准分30）

神经质（N）：表现为典型的情绪不稳定，对各种刺激的反应都过于强烈，情绪激发后很难在短时间内平静下来，极易焦虑、紧张、发脾气，强烈的情绪反应影响其与他人的交往，容易与人发生冲突，睡眠不安，容易出现各种身心问题。

（标准分 65）

掩饰程度（L）：提示被试存在明显的掩饰倾向，所回答的问题欠真实，很少袒露自己的内心体验，有时表现为高低不一。（标准分 60）

（二）SCL−90 症状清单（耗时 00：03：45）

躯体化（轻度）：有时感到头昏或头痛，同时还伴有一些肌肉酸痛或腰痛，稍感疲倦。

强迫症状（中度）：反复做的动作明显增多，一天中有几个时段忘性大，注意力不能集中，头脑一片空白，难以做出决定，难以完成所做事情。

人际关系（中度）：对别人讲话比较留心，常担心别人会议论自己，有时会感到别人不理解、不同情自己。

抑郁（轻度）：偶尔会感到精力下降以及感到孤独、苦闷。感到事情比以前难做。

焦虑（轻度）：有时会觉得心跳加快、心神不宁，有紧张感，要赶快把事情做完。

敌对（轻度）：偶尔有想摔坏或破坏东西的冲动，有时不能控制自己的情绪。

恐怖（轻度）：有时怕黑或害怕一个人独处，但不会对正常生活学习产生影响。

偏执（轻度）：性格固执。有时会有敌对性，感到别人不可信任。

精神病性（中度）：经常有幻听，感到别人能控制自己的思想，感到自己的身体有严重问题，感觉孤单。

三 归因分析

首先，性格内向，容易孤独。小王同学性格和父亲相似，很少说话，遇到事情喜欢憋在心里。消极情绪憋在心里需要一个出口发泄，这可能会导致小王同学采取极端的方式表达自己的诉求。长此以往，小王同学的情绪出现两极化，要么独自伤心，要么暴躁难抑。

其次，家庭不和睦。奶奶总是在孩子面前诋毁母亲，给孩子留下阴影，导致小王认为母亲无价值没地位，从而渐渐地，孩子也不尊重母亲，而父亲又很少说话，导致孩子从小缺乏关怀，在家中基本属于无人管教的状态。此外，家人之间硝烟不断，小王同学产生强烈的不安全感和孤独感，不愿和他人交往。

再次，小王同学的情绪问题呈现出青少年情绪发展的典型特征。青少年的情绪表现体现出半成熟、半幼稚的矛盾特点。随着心理能力的发展和生活经验的扩大，情绪的感受和表现形式不再那么单一，但还远不如成人的情绪体验那么稳定，表现出明显的两面性。强烈狂暴和温和细腻共存，也就是说，他们对同一件事所感受到的情绪强度相对较大；内向性和表现性共存，即青少年在某些场合中会将情绪隐藏在心中不予表现，有时又会在表露的过程中加上表演的痕迹。因此，小王同学情绪不稳定也可能是身心发展的正常过程，加以正确引导就会好转。

最后，自我中心和歪曲认知。小王同学在人际交往中，希望引起别人对自己的注目和重视，但又不太考虑自己的行为表现是否会在别人心中留下不良印象，从而做出一些无厘头的事，甚至还有极端的自杀行为。同时，由于从小在家中缺乏关怀，小王同学只能通过哭闹表达自己的需要，长大以后便形成了只要足够极端就能得到自己想要的东西这种想法，歪曲的认知也会放纵小王同学提出更加无理的要求。

四 干预策略建议

第一，家庭治疗，建立温馨环境。可以运用相关技巧：例如循环提问，即就一个问题依次提问家庭成员，使家庭成员看到彼此之间有差异的观点；又如积极再定义，关于某一问题让家庭成员做出积极的解释。这些家庭治疗的技术，首先能够改善家庭成员之间的相处模式，给孩子一个温暖有爱的成长环境。同时，母亲应该树立起威严，让孩子看到她的价值和作用，获得孩子的尊重和信任，父亲也应该多多陪伴孩子，打开其心扉，关心孩子的日常生活。

第二，合理情绪疗法，正确认识情绪事件。合理情绪疗法是由心理学家艾利斯创立，其核心是情绪 ABC 理论，即情绪不是由事件引起，而是对于事件的解释和评价引起。A 是情绪事件，B 是对事件的信念，C 是引起的情绪和行为。运用该理论，弄清楚情绪困扰的诱因，寻找情绪背后的想法，再对想法进行剖析，从而树立新的合理信念，最后再感受新想法下的新情绪。通过这种方法消除不合理信念，改变个人认知，同时管理好自己的情绪。

第三，角色扮演，换位思考。角色扮演是一种使人暂时置身于他人的社会位置，并按这一位置所要求的方式和态度行事，以增进对他人社会角色和处境的理解，体验他人在当时情况下的内心情感。青少年只有获得与他人相同的或类似的情感体验后，才会明白在相同或相似的情景中，应该采取怎样的态度、怎样的行动。这样既能帮助孩子了解他人的想法，也能更好地控制自己的情绪，还能改变孩子自我中心的思维模式。

第四，掌握情绪管理方法，克服不良情绪。适度宣泄，把不良情绪释放出来，比如哭泣、倾诉和运动等；自我安慰，用“否极泰来”等想法告诉自己当前的激动没有任何意义，从而使情绪更加稳定和平静；生理调节，可以通过深呼吸、改变表情和放松肌肉等方式将自己紧绷的心理镇定下来；转移注意，当独自一人情绪不佳时，可以做点别的事情来转移注意力，比如散步、听音乐、看电视等等，减少自己的独自痛苦，从其他事情中寻找新的快乐。

危机案例分析

小朱的双面人生

一 个案基本情况

小朱，女，16岁，离异家庭。父亲为法定监护人，初中学历，司机；母亲初中学历，幼儿园保育员；有一上小学的弟弟。几年前，母亲为了照顾两个孩子，重新回到孩子身边一起居住。父亲与孩子沟通方法简单，且比较强势，母亲性格细腻但易暴躁，亲子关系紧张。

生活事件：亲子关系紧张，经常发生冲突，已多次报警请求警察帮忙协调；离家出走与网恋“男友”见面，父母报警寻找回来后便对其手机严格管控，周末也不允许单独外出。疫情期间，亲子关系更加紧张，时常吵架，严重时拿刀指着母亲逼要手机，最后以警察上门制止、教育而终。疫情复学后的一个周末，母亲不给手机玩，小朱便偷拿母亲手机，被发现后，一怒之下便把母亲的手机扔下楼，拿剪刀剪碎床单和自己身上的衣服，站在窗台上要跳楼。

处理过程：母亲求助班主任，班主任报分管领导，启动应急预案。班主任电话安抚情绪的同时要求家长立马报警，确保孩子处于安全状态；学生处、班主任上门协助家长暂时满足孩子需要和处理情绪。

（一）班级表现

总体表现还好，能够遵守校纪校规，能完成老师安排的班级任务。师生关系、同伴关系较好，性格内向，在班里相对有一些弱势。

（二）课堂表现

学习态度尚可，上课能认真听讲，能按时完成作业，成绩中等。

（三）自我反馈

爸妈偏心弟弟，不相信我；经常和父母吵架，不招人待见，天天生活在吵架中；手机被没收，很不开心；站在窗台上，当时真的很想跳下去，平时没有自杀想法，那次有点冲动；希望爸妈不要管我，能做好自己的事；希望每天开开心心的，和同学更合得来。

二 心理体检评估

（一）艾森克个性测验（耗时 00：08：00）

精神质（P）：提示被试好独身，不关心他人。缺乏同情心，感觉迟钝，对人抱有敌意，即使对亲友也如此，喜欢一些古怪的、不寻常的事。不惧危险，喜欢恶作剧。（标准分 70）

内外向（E）：表现为比较内向的性格特征，尽量给自己一个安静的环境，可以与他人进行交往，但主动性较差，做事情三思而行，尽量不到热闹的场合中去，不喜欢抛头露面，比较踏实，给人以可靠印象。（标准分 40）

神经质（N）：表现为典型的情绪不稳定，对各种刺激的反应都过于强烈，情绪激发后很难在短时间内平静下来，极易焦虑、紧张、发脾气，强烈的情绪反应影响其与他人的交往，容易与人发生冲突，睡眠不安，容易出现各种身心问题。（标准分 75）

掩饰程度（L）：提示被试无掩饰倾向，回答问题真实可信，行为朴实，言行一致，能够袒露自己的内心体验。（标准分 40）

（二）SCL-90 症状清单（耗时 00：05：05）

躯体化（中度）：经常有头晕、头痛、恶心、胃部不适、心慌、胸闷、疲乏、虚弱等躯体不适的感觉。

强迫症状（中度）：反复做的动作明显增多，一天中有几个时段忘性大，注意力不能集中，头脑一片空白，难以做出决定，难以完成所做事情。

人际关系（重度）：很少与异性交往，感情非常容易受到伤害，常有自卑感，总感到比不上他人，在公共场合感到很不舒服。但对别人的评价非常在意，有时显得神经过敏，偶尔会表现出被动攻击，影响其人际关系，朋友较少。

抑郁（重度）：经常责怪自己，感到任何事情都很难做，容易伤感哭泣，对异性的兴趣减退，感到非常孤独。

焦虑（中度）：常无缘无故地感到害怕，心跳得很厉害，觉得所熟悉的环境都变得陌生，但过一会儿会有所缓解。

敌对（重度）：经常有想打人或想摔东西的冲动，容易激怒，不能控制自己的行为和情绪。

恐怖（中度）：不敢在黑暗中独处，怕单独出门，因为害怕，会刻意回避某些事物。

偏执（重度）：不信任别人，经常怀疑别人在监视自己，内心紧张、害怕，愤愤不平，有一些别人没有的想法或念头，影响正常的工作与生活。

精神病性（重度）：经常有幻听，觉得自己的思维被别人控制，别人能知道自己的思想意念，认为自己应该为自己的过失而受到惩罚。

三 归因分析

首先，青春期独立意识增强。进入青春期后，青少年在生理上发生了一系列变化，开始出现第二特征，各种生理机能基本发育成熟，在心理上处于断乳期，即青少年的成人感产生。也就是说，这个时候的青少年开始意识到自己长大了，希望监护人把他们当大人看待，理解和尊重他们，但是这种心理和情感体验的发展却先于认知的发展，认知的不足和价值观的不明确又导致他们不能理性和正确地看待自己的行为和结果，而且家长并不会真正放任青少年的想法和行为，任由他们走上错误的道路。因此，这是小朱同学和父母关系紧张的原因，也是小朱同学希望父母放松对她的监管的原因。

其次，不当家庭教育形成自我中心的思维方式。小朱同学从小缺乏母爱，在自我意识发展的时候，没有得到良好的引导。家长在孩子主观上产生你我的区别和客观角度看待自己的时候，做出了误导性的示范，在孩子心中埋下了自私的种子。同时，在五六岁之前自己都是家里唯一的孩子，但是弟弟的出生让小朱同学觉得父母的爱很大部分给了弟弟，再加上和父母的矛盾，更让小朱同学觉得父母偏心，和父母合不来。

最后，冲动是自卑的补偿机制。小朱同学性格偏内向，容易产生一些较低的自我评价，并产生更多消极的情绪情感体验，例如，和父母的争吵，认为自己不招待见。内心的自卑使得小朱同学在学习和生活中常常缺乏自信、畏首畏尾，面对父母的强势管理有的时候不敢表达自己的需求，长期压抑在心中，很容易产生逆反心理，从而做出冲动的行为。久而久之，孩子逐渐不能在恰当的时候表达自己恰当的需要，更加深了亲子矛盾，也使得孩子的情绪更加极端。

四 干预策略建议

第一，正确认识发展阶段，从容面对叛逆期。能够沉着冷静面对是解决问题的首要步骤，学校的心理老师可以通过团体辅导带领家长和孩子共同了解青少年的认知、情绪情感、自我意识、人际关系和常见心理问题，减轻父母和孩子在面对矛盾时的极端性和强烈性。让父母看到独立意识等问题是青少年普遍存在的，减少夸大孩子问题的可能；让孩子认识自身的不成熟和不完善，认识到父母的监督和管理是非常必要的。

第二，空椅子技术帮助孩子宣泄消极情绪。当家庭中的矛盾使孩子情绪激动无法平静时，心理老师可以提供空椅子技术帮助孩子表达出未来得及说的话或者未说出口的话。空椅子技术可以分为三种方式：一是倾诉宣泄式。假设空椅子上坐着事件或情绪对应的人，孩子对着空椅子将自己的内心想法表达出来，以此释放消极情绪。二是他人对话式。当孩子处于既觉得是自己的冲动，又认为是父母的错的矛盾状态时，让孩子先坐在一把椅子上代表自己，再坐在另一把椅子上代表父母，从父母的角度和自己对话，从而理解父母的看法，逐渐化解矛盾。三是自我对话式。当孩子既想要父母满足自己的需求，又不希望被父母约束时，可以让孩子先坐在一把椅子上代表自己的需求，再坐在另一把椅子上代表自己的期望，这样依次对话，让孩子认识到自己想法的矛盾所在，既化解矛盾又达到内心的整合。

第三，心理老师积极引导孩子改善自我中心的思维模式。当孩子能为自己的冲动行为做出反思时，心理老师可以及时介入，让孩子看到自己思维模式的问题，并让孩子情景扮演，从他人角度思考问题，例如，自己的朋友和父母发生冲突，如何安慰朋友等类似情景。扮演练习让孩子逐渐改变自我中心的思维模式，也逐渐学会自我安慰，或者帮助孩子学会向朋友求助。

第四，从学校表现和友谊中获得自信。任课老师可以夸奖孩子学习态度端正、作业认真等；班主任也可以鼓励小朱同学的好朋友多多夸奖小朱同学人缘好、性格好等；班主任可以多多和小朱同学聊天，及时发现孩子心情的变化，和小朱同学成为真心交流和彼此信任的好朋友。从身边获得肯定和支持，从心底克服自卑，建立自信。

危机案例分析

无“家”可归的小吉

一 个案基本情况

小吉，女，16岁，城郊接合部居民，父母无婚姻关系，系非婚生子女，监护人为父亲。父亲初中学历，有家庭，从事个体货车营运；母亲小学学历，外来务工人员，以打工为业。

生活事件：其母亲来H市打工时与小吉父亲认识，并在外同居（据说是被其父亲所骗），有了小吉后，母女俩长期租住在外，直到小吉读初中时，母亲离开H市，去另外城市打工。小吉回到父亲家庭生活，父亲对孩子期望很多——孝顺、听话、认真读书等，父亲长期对小吉实施家暴，亲子关系较差。进入高中后，小吉实在无法忍受父亲及家庭成员对她的家暴和排斥，恳求母亲回H市与其一起生活，与父亲不再联系。目前租住在学校附近，家庭经济上压力非常大，生活较困难。

（一）班级表现

在校与同伴关系一般，没有一个知心朋友；尊敬老师，师生关系较好；能服从班级工作安排，也能较好地完成基本学业。

生活事件及处理：被父亲暴打后，周五放学不愿回家，要求独自留在学校，表示很害怕回家。

班主任与其谈心，针对不同问题进行分析，让其明白父亲还是希望她成为一个懂事的女儿，只是表达方式欠妥。同时，也要学会从自己身上找原因，是不是有些地方确实没做好，引导其懂得生活不易，要学会感恩，待情绪稳定后，由班主任送回家。

（二）课堂表现

上课比较安静，听不懂的课，一般做自己的事，但不会影响课堂纪律，学习态度一般，成绩较差。

（三）自我反馈

后悔一时冲动，给母亲带来很多困难，觉得我是个多余的，还连累了母亲，周末本该去医院看心理医生，因为没钱就没去。有时妈妈会抱怨一些事情，让我听了会感到很烦躁，校内校外都没有特别好的朋友，平时也不会和她们联系。近三年，几乎天天处于情绪低落状态，之前会用刀划自己，自杀念头也很频繁。

二 心理体检评估

（一）艾森克个性测验（耗时 00：05：58）

精神质（P）：提示被试比较孤僻、固执，遇到麻烦较多，对其他人缺乏感情，感觉比较迟钝，很少关心他人，较少有同情心和人道主义精神。有时还会做出不同于一般人的古怪行为。（标准分 60）

内外向（E）：表现为比较内向的性格特征，尽量给自己一个安静的环境，可以与他人进行交往，但主动性较差，做事情三思而行，尽量不到热闹的场合中去，不喜欢抛头露面，比较踏实，给人以可靠印象。（标准分 40）

神经质（N）：表现为典型的情绪不稳定，对各种刺激的反应都过于强烈，情绪激发后很难在短时间内平静下来，极易焦虑、紧张、发脾气，强烈的情绪反应影响其与他人的交往，容易与人发生冲突，睡眠不安，容易出现各种身心问题。（标准分 75）

掩饰程度（L）：提示被试无掩饰倾向，回答问题真实可信，行为朴实，言行一致，能够袒露自己的内心体验。（标准分 40）

（二）SCL-90 症状清单（耗时 00：05：02）

躯体化（极重）：躯体不适感非常明显，躯体症状表现强烈，如严重的头痛、腰痛、恶心、没食欲等，并伴有呼吸困难，整日情绪焦躁不安，常担心会突然死亡。

强迫症状（极重）：整天做些反复的动作或被一些不必要的想法困扰，已经明显影响正常的学习和生活，忘性大，无法抗拒，内心十分痛苦。

人际关系（极重）：自卑感很强，极少与陌生人接触，不参与公共活动，对别人的言谈、注视感到很不自在，感到自己不被理解，对旁人求全责备，朋友极少。

抑郁（极重）：总是过分担忧，感到自己没有什么价值，常有结束自己生命的念头，自觉精力下降严重，容易哭泣伤感，觉得异常苦闷、孤独。

焦虑（极重）：常常无缘无故地感到恐惧，浑身发抖，感到坐立不安，不能安静，熟悉的东西变得很陌生，总有一种催促感。

敌对（极重）：非常容易激怒，好与人争论，经常主动攻击他人，完全不能控制自己的情绪和行为。

恐怖（极重）：经常处在惊吓、恐怖之中，怕出门，怕乘车，不敢到公共场合，总是担心自己会受惊昏倒，已无法正常生活和学习。

偏执（重度）：不信任别人，经常怀疑别人在监视自己，内心紧张、害怕，愤愤不平，有一些别人没有的想法或念头，影响正常的工作与生活。

精神病性（重度）：经常有幻听，觉得自己的思维被别人控制，别人能知道自己的思想意念，认为自己应该为自己的过失而受到惩罚。

（三）生活事件心境筛查

几乎天天做事提不起兴趣，感到心情低落、沮丧或绝望，甚至有不如死掉或者用某种方式伤害自己的念头。

三 归因分析

首先，对自己有着不合理的认知，觉得自己在这个世界上是多余的，找不到自己的价值感。

其次，恶劣的家庭环境对她身心造成的影响，父亲以及家庭成员对她的排斥和家暴，使她的归属感需求得不到满足。同时，她的学业成绩不符合父亲对她的预期，因为达不到父亲的要求，时常会觉得无助，又无法摆脱父亲对她的要求与期望。

再次，家庭的经济状况和父母之间的关系也会无形之中给她带来压力，觉得自己是多余的，也没有经济能力去看病。

最后，在人际交往方面没有特别要好的朋友，缺少同伴之间的支持，容易产生孤独感。

四 干预策略建议

第一，及时就医并遵医嘱。与此同时，要评估她的自杀念头的严重情况，及时询问她是否有自杀的想法和是否有过自杀的计划，如果有，学校、家庭和社会要采取合理的措施进行保护。

第二，耐心倾听，给予共情。在没有同伴支持的情况下，她容易把负性情绪积压在心里。如果能找到一个人倾诉，并表示理解和支持，让她进行宣泄，并让她知道她的经历不是唯一的，也不是最惨的，会有一定的帮助。

第三，改变不合理的认知。发掘她身上的长处，减少其觉得自己无用的挫败感，进行生命意义感的辅导。小吉缺少生命意义感的原因，一方面来自家庭，另一方面来自学业成绩。可以适当分析学业成绩低是与学习策略方面的不足有关联，通过提升学习成绩来缓解抑郁情绪；也可以找到她身上的闪光点、性格上的优点以及兴趣爱好，来转移她对家庭方面的注意力；最后试图改变家庭环境，和她父亲商量用一种更缓和的方式与孩子相处，而不是暴力和排斥。

第四，巩固师生关系。这是她社会支持系统里重要的一方面，在原本还不错的情况下可以进行巩固，教师多关心照顾她，多进行鼓励和安慰，使她在学校里找到一点归属感。

危机案例分析

后两孩家庭

一 个案基本情况

柔柔，女，17 岁，家庭完整，父母均初中学历，在职。柔柔有个读小学的弟弟，父母对弟弟比较宠爱，但对柔柔的教养方式简单粗暴，经常打骂，责备她懒、不好好读书、不懂事、不做家务、不管弟弟……导致其基本不与父母沟通，经常一个人在房间。尽管父母有时也会给她买些礼物或生活用品，但柔柔还是觉得自己在家里不重要，偶尔她也会做些家务事，想引起父母关注，但始终没有得到父母的认同。

（一）班级表现

在校表现尚可，情商挺高，师生关系、同伴关系较好，对班级工作和感兴趣的活动会积极主动参与，但对她看不惯的事就会比较偏执，爱钻牛角尖，对人就会怀有敌意。

（二）课堂表现

学习态度较差，学业水平低，上课不爱听讲，喜欢找周围同伴聊天，作业几乎不做，老师找她就说三个字：不会做。

生活事件及处理：一次课堂上不认真听讲，跟前后左右聊了个遍，经老师提醒后,还要继续聊,严重扰乱课堂纪律,被老师点名批评。老师一句:“你‘不要好’就不要影响其他同学！”她就抓住这句话，跟家长讲要投诉老师，家长不明事情经过，也说要投诉到教育局。

老师上门与家长沟通，将事情前因后果告知家长，并将调取的课堂监控让家长看，任课老师也说明，并不是在侮辱孩子，反复多次提醒无效的情况下，才训诫孩子。最后家长表示理解，同时老师提醒其注意课堂纪律，老师也会注意课堂规范用语。

（三）案例点评

性格直爽，乐意与人交流（废话居多），缺乏同情心，对他人抱有敌意，情绪不稳定，没有合理的处理方法，求助意识弱，对未来没有期望。

二 心理评估

（一）艾森克个性测验（耗时 00：07：40）

精神质（P）：提示被试好独身，不关心他人，缺乏同情心，感觉迟钝，对人抱有敌意，即使对亲友也如此，喜欢一些古怪的、不寻常的事。不惧危险，喜欢恶作剧。（标准分 75 分）

内外向（E）：表现为比较外向的性格特征，平时乐意与人讲话，讲话较一般人为多，在人多的场合时比较兴奋，保持较乐观的态度，喜欢探索，而不冒险，下决心可以控制自己的情绪，回答问题较快，可以一个人做事情但欠踏实。（标准分 60 分）

神经质（N）：主要特征是情绪不稳定，容易紧张、焦虑、发脾气，遇事不冷静，急躁，情绪反应明显，容易感情用事，以感情作为衡量是非的标准，容易与人发

生冲突，情绪激动，容易受外界刺激因素的影响。（标准分 60 分）

掩饰程度（L）：提示被试无任何掩饰倾向，所回答的问题真实可信，行为纯朴，言行一致，容易袒露自己的内心体验。（标准分 35 分）

（二）SCL-90 症状清单（耗时 00：06：14）

躯体化（重度）：躯体症状明显，如头痛、腰痛等加剧，情绪烦躁不安；浑身无力。

强迫症状（中度）：头脑中有时会产生不必要的想法，感到难以完成任务，注意力不集中，但时间较短，尚能学习和生活。

人际关系（重度）：对别人讲话比较留心，常担心别人会议论自己，有时会感到别人不理解、不同情自己。

抑郁（重度）：经常责怪自己，感到任何事情都很难做，容易伤感哭泣，对异性的兴趣减退，感到非常孤独。

焦虑（重度）：常无缘无故地感到害怕，心跳得很厉害，觉得所熟悉的环境都变得陌生，但过一会儿会有所缓解。

敌对（重度）：经常有想打人或想摔东西的冲动，容易激怒，不能控制自己的行为和情绪。

恐怖（中度）：有时怕黑或害怕一个人独处，但不会对正常生活学习产生影响。

偏执（重度）：不信任别人，经常怀疑别人在监视自己，内心紧张、害怕，愤愤不平，有一些别人没有的想法或念头，影响正常的工作与生活。

精神病性（中度）：偶尔有幻听，觉得旁人能知道自己的想法，即使和别人在一起也感到孤单。

三 归因分析

首先，家庭因素。重男轻女的家庭环境，不被关注、不被夸奖的家庭教育，使身为女孩的柔柔受到伤害，觉得自己在家里得不到重视，缺少正确的自我认同。表现出对他人抱有敌意，情绪不稳定，没有合理的处理方法，求助意识弱，对未来没有期望。柔柔父亲的教养方式粗暴专制，对柔柔经常使用一些否定的语句，慢慢地，柔柔缺少了家庭应有的安全感，对父母设防。

其次，人格特质因素。精神质和神经质的特质，情绪不稳定，容易焦虑，容易偏执。

最后，认知因素。柔柔遇事认知不太合理，无论是在家庭中还是在学习生活中，都容易歪曲别人的想法。

四 干预策略建议

第一，家庭治疗法。可以采用分析性家庭治疗模式，主要干预家庭各成员的深层心理与行为动机和亲子关系的发展。柔柔同学对父母的不信任、人际关系的冲突、学习上的困难，和父母的教养方式及家庭环境有着重要关系。该治疗模式分三个阶段进行：

首先，发现问题。咨询师与当事人交谈，其他家庭成员（如父母）在旁边静听，不插嘴。这样的对话往往会使家庭成员大受震撼，为什么自己的孩子平常在房间不和自己交流，在这却可以吐露很多，反思自己在家庭中的态度和方式，认识到自己的问题所在。其次，分析问题。咨询师与其他家庭成员交谈，使当事人了解到其家人的做法也不是自己所认为的那样没有道理，反思自己所采取的对策是否合适。最后，协商讨论。在咨询师的主持下开始家人之间的彼此对话，不追究各自过去的责任或弄清楚谁是谁非，而是都向前看，用一个彼此都能接受的话题谈论如何在家中建立正常的对话气氛。同时，父母、子女也可以思考采取什么样的态度才能使家庭变得温暖而充满欢乐。这个向前看的过程尊重了来访者的意愿，鼓励他们看到自身具有积极的力量来解决家庭中的问题。

第二，学会表达情绪。柔柔的父母对她的教养方式简单粗暴，经常打骂责备，使得柔柔封闭自己，不能找到合适的方法表达情绪。表达自己的情感需求是十分重要的，因此，柔柔要学会及时向父母表达自己觉得不被重视的感受，多与父母沟通。在这个过程中，父母也要有一定的反思，营造表达情绪的氛围和成为榜样，让柔柔学会调节自己的情绪，找到合适自己的情绪处理方法。更重要的是，学会正确表达情绪，也能帮助柔柔慢慢拉近和弟弟的亲密关系。

第三，行为疗法。因为长期的不被重视而产生的习得性无助感，使柔柔找不到未来的目标，对未来没有期待，导致她学习动机弱，出现不做作业、学业成绩较差等现象，形成恶性循环。但柔柔优点也不少，情商挺高，师生关系、同伴关系较好，也会积极主动参与班级工作和感兴趣的活动。因此，老师和家长可以利用这些优点，运用行为疗法中的阳性强化法，慢慢影响柔柔，鼓励她展示优点，将按时完成作业、上课不随意讲话作为靶向行为，通过奖励强化该行为，促进该行为的产生并提升出现的频率，使得良好行为能够持续产生。

危机案例分析

小 Z 的习得性无助

一 个案基本情况

小 Z，男，16 岁，家住城郊接合部。父亲是入赘女婿，在孩子 3 岁时，父母因家庭不和而离婚，目前孩子与父亲没有联系。奶奶（理论上是外婆）在家比较强势，什么都要管，而且比较唠叨。母亲在家没什么地位，也受不了其母亲的唠叨和管束，包括个人婚姻问题。

（一）班级表现

近期在校经常戴口罩（疫情防控低风险时也如此）、戴帽子。对老师的态度尚可，与同伴关系一般，但比较敏感，没有发生过冲突事件，学习成绩一般。

（二）课堂表现

上课比较安静，很少讲话，基本能认真听课，偶尔会回答问题，总体表现还好，有一定的防范意识。

（三）案例点评

爱玩游戏，网上有一“女友”，在校把手机交掉有点难过。晚上睡眠不好，白天经常头疼，上课没有精神，有时会趴在桌子上，腿部动过手术，不能跑步和剧烈运动，经常会腰痛。

生活事件及处理：近几年，小 Z 在家因玩手机时间问题，多次拿刀放在手腕威胁其奶奶和母亲，并出现用利器划自己手腕自残的行为。最后以奶奶妥协而终，让其自由支配玩手机游戏或聊天的时间。

二 心理体检评估

（一）艾森克个性测验（耗时 00：05：57）

精神质（P）：被试古怪、孤僻。对同伴缺乏感情，不关心他人，攻击、仇视他人，缺乏同情心和感恩之心，是非观念淡薄，爱钻牛角尖，形成的观念不易改变。（标准分 75）

内外向（E）：属于中间性格特征，有时很平静，有时很疯狂。（标准分 55）

神经质（N）：表现为典型的情绪不稳定，对各种刺激的反应过于强烈，情绪激发后很难在短时间内平静下来，极易焦虑、紧张、发脾气，强烈的情绪反应影响其与他人的交往，容易与人发生冲突，睡眠不安，容易出现各种身心问题。（标准分 80）

掩饰程度（L）：提示被试对问题回答真实，具有较高的可信度，无明显的掩饰倾向。（标准分 50）

（二）SCL-90 症状清单（耗时 00：07：09）

躯体化（中度）：腰痛、头痛、恶心或胃部不舒服、肌肉酸痛、发冷发热，喉咙有梗塞感，感到身体的某一部分软弱无力，感到手或脚发沉。

强迫症状（重度）：头脑中有不必要的想法或字句盘旋，脑子变空了，忘性很大，感到难以完成任务，难以做出决定，不能集中注意力。

人际关系敏感（重度）：对别人的讲话比较留心，常担心别人会议论自己；有时感到别人不友好，不理解、不同情、不喜欢自己；感到比不上他人。

抑郁（中度）：有时感到精力下降，对事物不感兴趣，对前途失去信心，孤独感增加。

焦虑（中度）：常无缘无故地感到害怕，心跳得很厉害；觉得所熟悉的环境都变得陌生，但过一会儿会有所缓解。

敌对（轻度）：偶尔有想摔坏或破坏东西的冲动，有时不能控制自己的情绪。

偏执（重度）：不相信他人，经常怀疑别人在监视自己，内心紧张、害怕，愤愤不平，有一些别人没有的想法或念头，影响正常的生活。

精神病性（重度）：经常有幻听，觉得自己的思维被别人控制，别人能知道自己的思想意念，认为自己应该为自己的过失而受到惩罚。

（三）生活事件心境筛查

近两周，有几天做事提不起兴趣；感到心情低落、沮丧或绝望，有不如死掉或用某种方式伤害自己的念头；有一半时间以上入睡困难、食欲不振、坐立不安、烦躁。

家庭之外有一些亲密朋友，但遇到困难不会主动寻求帮助；对家庭感觉不到温暖，看不到希望。

三 归因分析

首先，对负性情绪的表现为“自我惩罚”。当个体具有矛盾（正性的和负性的）的情感对象，面对失去想要的事物时，负性的情感就会转化为强烈的愤怒。此时正性的情感会让个体感到对刚失去的东西没有做出正确的反应，从而把愤怒内投（“指向自身的愤怒”），而不是外泄。这可能是小 Z 因为手机问题而产生自伤自残行为的原因，不仅仅是对家长的威胁，更是将自己的绝望和有罪感进行宣泄。

其次，家庭支持系统缺失。小 Z 从小缺少父爱，也没能和最亲近的母亲建立和谐稳定的关系，并且从小就处于奶奶的打压之下。家庭非但没能给孩子提供安全有爱的环境，反而让孩子从家庭中体会到深深的无助和绝望，这就会让孩子保持敏感和警惕，从而影响和其他同伴的交往，因为孩子并不觉得能够从别人处获得希望。

最后，无望感理论提出，个体认为负性的生活事件会产生严重消极结果，并且倾向于对自己做出消极的推论。当个体对无助的预期产生时，自己也会对事件失去兴趣和动力，久而久之，便形成了无期望的信念。当负性事件再次发生时，无望感也会油然而生。这也是小 Z 对很多事件感到绝望、提不起兴趣的原因。

四 干预策略建议

第一，心理老师介入，减少自我惩罚。心理老师可以在建立良好的辅导关系的基础上，获得小 Z 的充分信任，减少他的防范意识，让他感到安全、舒适和轻松。待其情绪稳定，能够敞开心扉，再告诉他问题的根源所在；同时，教给其正确的负性情绪宣泄方式，例如运动、音乐和聊天等，而不是自我伤害。

第二，重建家庭支持系统。俗话说“父母是孩子的第一任老师”，来自家庭的支持和教育在孩子的成长中是极其重要的。而小 Z 家中却是奶奶掌管一切，母亲的不作为是孩子缺乏自信的重要原因。因此，老师要和母亲积极联系，让母亲认识到自己在孩子成长中的重要性，增加和孩子之间的沟通交流，培养和孩子之间的感情，让孩子感受到来自最亲近的家人的温暖和关怀。

第三，改变消极认知，给予生活希望。小 Z 之所以遇到问题不愿意求助、对许多事情都提不起兴趣，是因为他认为生活没有希望。老师可以根据小 Z 平时能够做好的事情（例如认真听讲、回答问题等），与其共同探讨这些事情为何能够做好，再给小 Z 布置一些能够完成的任务来提升其自信心，从而让他看到认真努力就会有希望。通过这种行为证实、证据检验和解决问题的方式，对小 Z 的认知进行重建。

第四，大胆探索，耐心体验，找到兴趣爱好。老师可以鼓励小 Z 多参加兴趣班，从中找到自己真正喜欢并且愿意投入时间和精力做的事；家长则可以利用周末或者假期，带孩子旅游、参加一些志愿活动等等，以此来开拓孩子视野，让孩子通过完成这些活动减少对手机的依赖，同时能发展孩子的爱好和特长，让孩子多方面增强信心。

第五，融入集体，建立友谊。老师可以通过组织班级活动，鼓励班级同学主动与小 Z 同学交往，在不经意之间帮助其解决一些困难，让其感受到来自朋友和同学的支持和友善。同时，也让其他同学积极地表达出对小 Z 同学帮助的需要，让其体会到自己的重要性。这样一来，小 Z 就能快速建立和别人的友谊，增加积极情绪，也看到自己的价值。

典型案例研究

基于情感体验在抑郁症孩子辅导中的实践与探索

一 个案基本情况——家庭是问题的根源

（一）孩子情况：严重抑郁不吃药，学习较差爱画画

虞同学入校前，已经有四次去医院看心理医生的既往史，需遵医嘱吃药。报到时，学校也向其本人和家长解读了入学须知，家长表示可以接受学校的教育管理，并签订了安全承诺书。

住校一周后，孩子自述除了睡眠不好之外，其他一切正常。老师观察一月后发现：学习态度一般，课堂与老师互动不多，各科都没有较好的表现，但是对绘画很感兴趣，愿意花时间绘画。整体较安静，做好自己的事，但是每天都有情绪不稳定的时候，前三周表现特别明显，抑郁较重时埋头不说话。与同学关系稳定，没有矛盾，和老师交流没问题。

（二）家庭情况：家庭氛围不和谐，亲子关系紧张

父母关系不和。经常吵架、打架，再加上妈妈时常出去喝酒，这对虞同学内

心带来很大的伤害。据她自述，自己心理上的问题更多的是家庭引起的。因为家庭氛围不好，她从小就对父母有敌意，特别是六年级之后，对父母的意见更大，觉得父母都不是真正关心她，只是在老师面前装作很关心而已。她觉得父母很虚伪，所以内心一点都不尊重父母。

父母的教养方式不一致。父亲是司机，在家陪伴得少，对孩子没有很高的要求；母亲是全职妈妈，但对孩子的管教过于严格，而且方法不妥当。妈妈控制欲强，强势的性格导致她根本不给孩子自我表达的机会，不倾听孩子的心声，一味地从自身的角度去要求孩子，所以母女关系很紧张。

二 问题归因分析——评估是解决的前提

（一）心理体检评估

入校一月后，学校心理体检测评对虞同学的评估如下：内向、情绪不稳定、极重抑郁、极重躯体化、人际关系敏感、强迫、焦虑、精神病性……在之后的教育管理与相处中，都一一得到了印证，还时不时出现多种并发症，让我们措手不及。当然，因为学校有了心理预警介入干预机制，在应对她的问题上多了一层心理安全防护网,所以在与之交流的过程中建立了更加有效的干预机制和辅导策略。

（二）联合会诊分析

1. 长期被否定。长期缺乏家庭温暖，父母不倾听她的心声，不接受她的表达，甚至不接受她有严重抑郁这件事，让她的心灵产生了极大的挫败感和无力感。不理想的家庭氛围给孩子造成了极大负性情绪，逐渐形成了孩子的习得性无助。

2. 前期一直没被引起足够的重视，而是在“异类”的氛围中被孤立，同伴不认可，老师不关爱，导致孩子感觉自己长期生活在一座“孤岛”上。要建立相应的支持系统帮助干预孩子身心存在的问题。

3. 需要被看见、被认同。孩子需要被父母和老师“特需关注”，关注孩子意识的独特性、情境的独特性、个人生活的独特性。无论是家长还是老师都要告诉孩子："你会被看到、体贴、聆听，我们将会和你共同去行动、实践和创造生活。"

作为非心理专业的班主任老师，笔者需要借助以上专业评估，然后将这个评估作为日常班级管理和教育的参考，才能够更加准确地找到孩子问题的相对关键所在。注意是相对，不是绝对，因为我们在和学生日复一日的相处中，会发现更多评估之外的影响因子。有了专业评估和日常观察的双重保障，我们的辅导和教育可以更加准确地"识别"，并"对症下药"，然后将我们"爱与责任"的教育理念付诸行动去感染孩子，让其在学习、生活和兴趣中不断缓解情绪、调适认知、习得成长。

三 辅导策略与过程——三思路·三策略

针对虞同学存在的问题，笔者刚开始也茫然无措，但有一个想法是肯定的：帮助她缓解抑郁症状，希望她开心快乐地学习和生活。于是在一次次的共情关系"建立"中，通过反复寻找教育的"锚点"，渐渐形成了三点教育思路，即独特、情感、主体间性。同时，从认同、引导、寻求合力三个情感体验策略上进行关注和突破。在每一次辅导和交流的过程中围绕情感体验策略进行，特别注意实施策略之后产生的效果，及时调整辅导方向和手段，完成教育目标。

（一）面向班级群体的情感环境建设

班级是学校组织体系的基本单元，以班集体建制实施学生德育是学校德育工作的基本途径之一。因此，笔者把班级德育建立在"情感"之上，给学生提供支持性的情感环境。虞同学是班级的一分子，作为寄宿制学校，班级是她的主要活动范围。《教育的情调》中提到教室的作用："当我们走进教室的时候，我们很希望体验到那种亲切、安全的气氛。"所以，笔者将班级标语设定为"自律自强，阳光优雅，感恩包容，团结和谐，在城西，我们陪着你们一起遇见更好的自己"，并将标语挂在教室入口，一进教室抬头就能看见，将相信和陪伴的信念传达给学生，希望带给学生安全、有归属感的学习生活氛围。对虞同学来说，在这样的班级氛围中，可以慢慢地感受阳光，走向积极，找到新的人生价值。

（二）面向个体辅导的情感策略建设

面对孩子，我们在处理关键事件、关键细节时，要倾听、观察，同时以敏锐的触觉、同理心去感受学生的内心，能够让学生不间断感受到“生命在场”，这样对学生的教育将产生较大的震撼力和影响力。因此，对虞同学关键事件和细节的处理中，笔者始终秉持着以理育人、以情感人、以德树人的教育原则，遵循独特、情感、主体间性的教育思路，开展以认同、引导、寻求合力为前提的教育策略。典型事件和应对辅导策略摘录如下：

1. 关键词：“独特”与“认同”

事件描述：某日白天，笔者询问虞同学，其表示一切正常，但仍然不断强调如果当晚睡不好，就要联系妈妈。我告知她刚开始睡眠不好、不适应，这是正常现象，慢慢就能适应了，她点点头表示认同。可是当天晚上，她和值班丁老师诉说抑郁情况，说是白天吃 5 颗药才控制自己的状态，现在还是不能控制自己想自杀、自残的念头，希望父母来校接回。丁老师对她进行了专业的心理辅导，让其先安静下来。听了她的诉说，我们意识到事情的严重性，马上联系了她的家长。一开始，她妈妈希望孩子待到星期五再来接她，而且一直强调虞同学没有药在身边，认为虞同学只是因为想回家、想玩手机而撒谎，我表示和虞同学通话之后再决定是否需要来校。我和虞同学通话后，了解到她还是希望妈妈来校接回，而且电话里情绪非常激动，所以我又联系她妈妈，希望她第二天到学校当面交流，而且和她确认跟女儿沟通时不能激化矛盾，要好好沟通。最后，虞同学妈妈表示第二天上午到校和女儿见面沟通，和我们说明虞同学的具体情况。当晚为了避免发生意外，虞同学和丁老师一同睡在老师值班室。

认同的重要性：虞同学为什么没有对我表达出自己的抑郁情况，而对丁老师表达出自己的严重抑郁情况呢？应该是丁老师的心理老师身份，让她从心底里认同丁老师会给她以心理支持。在电话交流的过程中，笔者刚开始表达出对她描述情况的质疑，也一再表示不是很认同她对自己严重抑郁的判定，导致她情绪非常激动，反问笔者："老师，你得过抑郁症吗？你知道抑郁症的人有多难受吗？"这让笔者猛然醒悟，没有心理上的共情，不认同孩子描述的心理现象是无法建立情感联系的，更无法进行下一步的教育。信任感带来的心理支持，可以给孩子带来安全感，有了安全感，孩子才会吐露心声，才能进行更加准确的教育辅导。

认同不是指无条件、无理由地不加判断的认同，而是在情绪情感上站在孩子当时当下的体验情境中去认同。青春期的孩子本来就很敏感，如果否定他们的情感，反而会激发他们的厌恶和不信任，同理心的应允可以让孩子放松警惕，接受建议，不管她描述的现象是否属实，以接纳、认同为基础的教育引导才能起作用。

2. 关键词："正念"与"情感"

事件描述：这周虞同学按时回校了，但是到了周三晚就寝快要熄灯的时候，她在寝室大声哭泣，其他同学都围着她。原来是夏同学一直询问关于她上周为什么要请假的事情，从上周开始问老师、问同学，刨根问底问她的事情，她已经受不了了，她不愿意说那些让她伤心的事情。面对夏同学这样的行为，她认为是在故意为难她，情绪非常激动，要求夏同学一定要真诚道歉才能睡觉，旁边的同学也给她鼓劲，可是夏同学根本没意识到这是个问题。

笔者发现结点还是在她这里，就和她分析当时的情况：既然夏同学是搞不清楚的，那么就不能和她一样，不和她一般见识就表示自己比她更懂事、更成熟。我夸赞她懂事、明事理，特别说明她心理上与正常同学是一样的，根本不是一个严重抑郁的人，这些话都是轻声和她说的，同时重复这个正向评价，她接收到之后，和我一起要求其他同学别再说这事了，其他打抱不平的同学也慢慢安静下来。

正向评价：笔者在她情绪激动的时候，语气和语言都是冷静处理，当得到她的答复时，清晰明确地表示她的选择和没有抑郁症的同学是一样的，甚至认同她的处理方式比前一次好多了，而且不断重复这个正向评价。这无疑引导她向积极应对方向靠近，培养她向好发展的心理意愿。

3. 关键词："协同"与"被看见"

事件描述：虞同学生日，我专门送上祝福，她回复的信息是欢快的、可爱的，或许是对我的信任，她主动谈起假期父母之间以及她和父母之间的矛盾；亲子周活动中，刚开始她并不愿意参与活动，我特意将她玩得很好的同学参与活动的进度告知她，并让她询问如何完成视频制作，后来她听从了我的建议，和妈妈一起完成了"泡椒凤爪"的制作，最后上交的视频质量也较高。

看见孩子与跟踪诊疗：对患有抑郁症学生进行帮扶，班主任需要像个心理医生一样。班主任是德育工作者，学习一定的心理学知识是非常有必要的。为此，笔者特意学习了抑郁症患者会有哪些表现，去了解关于抑郁症的真相解读，尝试着像心理医生一样进行定期复查和跟踪诊疗，即使是假期，也持续关注孩子的状态，告诉孩子——老师与你同在，并给孩子提出指导意见。

"看见即疗愈"，能看见孩子的情绪和需求，才能理解并接纳他们，才会读懂他们的心语，进而感知他们的内在诉求。做到这一点，孩子自然就愿意找你倾诉了，既释放了情绪，又为教育提供了机会。

四 辅导效果与思考

（一）孩子在向好发展

新学期伊始，虞同学的精神面貌和情绪状态都相对稳定，在学校的学习态度和上课表现有了很大的改善，积极参与课堂并勤做笔记，作业质量也提升了，她对自己的评估也是积极的，消极的心理情感展露不多了。对于同学和老师的关系能够较好地处理，对于班级的活动也能积极参与。尤其是本学期教师节活动中，虞同学负责给所有老师绘制漫画像、制作奖状，所有的规划和人员分工都是她自己完成的，主动放弃午休时间和课外活动时间加班加点制作，在活动中起到了关键性作用，保证了活动的有序开展，而且在活动进行之中，主动参与分享和老师的故事、朗读写给老师的“三行情诗”，表现非常活跃，也在活动总结中表达自己收获到很多，特别是得到了老师们的肯定和夸赞。

情感教育论中强调建立积极情感，激发学习动机，虞同学有了“被认同”体验和对自己的“被需要”体验，从而出现身心投入的情感状态，这是被看见的满足感。当生命被看见，那些在孩子体内隐藏的热情、灵感、勇气等美好的力量就有可能被唤醒，从而提供给孩子源源不断、向上生长的动力，收获超越与成长。

（二）抑郁情况还会反复

抑郁症患者并不是一直处于抑郁状态中，而是会有抑郁发作阶段。在发作期，内心体验极度痛苦，如突然哭起来、反复絮叨自己没把事情做好等。而在缓解期，痛苦折磨会大幅降低，对生活的影响也会减轻。在发病的时候，强烈的负面体验远远超出了他自己能调节的范围，可能会因此感到自责、无助。“想开点”，“你经历的都是小事”，这样的劝慰这时候是无济于事的，病人身体里的某个调节器暂时“坏掉”了，就好像我们不能让一个感冒的人马上停止咳嗽一样。我们老师需要做的是帮助抑郁症孩子提高生命质量和减少复发的可能。

在本学期第三周，虞同学的抑郁情况又出现了。擅自停药、长期不去复诊，都是引起她抑郁复发的原因。因此，笔者马上联系她父母，建议带去医院复诊，重新诊断和开药，有效预防下一次发作。

正确认识和理解抑郁症，是我们和社会要共同迈出的关键一步。错误的认知、过度的解读和泛化……都会让“抑郁症”变成一种吐槽，或者是一种刻板标签，而忽略了它背后是一个真实的生命体，以及他们真实的情绪和生活。我们陪着虞同学一起对抗抑郁，这是一场持久的战斗，尽管才刚刚开始，但只要开始，就有希望。

（三）建构生命力，给予希望

有专家说，抑郁症的反义词不是高兴和开心，而是有生命力。我们的教育也是要看到生命，并让孩子体验到强大的生命力。有人说，教育有三种境界：最低级的境界是上紧发条，一直追赶目标；第二个境界是让孩子理解自己，对呈现的问题不困惑；最高的境界是让孩子发现自己，探索自己，勇于尝试，永远有勇气修正自己，也就是“看见生命”的情感教育。

德国大哲学家海德格尔告诉我们：人始终是未完成的，这是人之为人的基本特性。我们的教育就是要能看见孩子的生命，永远看到生命在成长。当我们看见生命时，我们会跟孩子产生共情；当我们看见生命时，我们会尊重每一个独特的个体。所以，我们要帮助抑郁的孩子建构生命力，并引领和拓展这种生命力的可能性。

怎么建构生命力？笔者以为，给予希望是首要工作。《教育的情调》中多次提到希望：“对孩子们而言，那些对未来充满希望的人才是真正的父亲、母亲和老师。”“希望包含承诺和努力。即使在最荒谬、最痛苦的时候，我们也不会，也绝对不会放弃我们的孩子。”抑郁孩子的学习生活中，有了希望就有了生命的活力，有了人生的价值，才有生活下去的勇气。

当然给孩子希望的同时，也能给我们自己教育的希望。“希望给了我们一个坚定的信念：‘我们永远不会放弃你，你会过得很好。’希望就是我们为了孩子而变得更有耐心、更有信心、更加宽容，希望就是去体验孩子成长的无数种可能性。孩子让我们懂得，不管经历了多少失望，都要好好生活。”正如爱尔兰诗人罗伊·克里夫特一首很有名的诗——《爱》所写的那样：我爱你，不光因为你的样子，还因为，和你在一起时，我的样子。

孩子是一个个独特的生命体，而不是抽象的舶来品，我们须遵循独特、情感、主体间性的教育思路，并从认同、引导、寻求合力等情感教育策略去理解有抑郁症的孩子，让他们不断获得生长的源动力。教育的目标就在自然状态下不断迭代，收获自我超越与成长。

（刘丽芳）

名人有话说

家庭是一项社会发明，其任务是将生物人转化为社会人。——**[美] 古德**

家是世界上唯一隐藏人类缺点与失败的地方，它同时隐藏着甜蜜的爱。——**[爱尔兰] 萧伯纳**

家庭应该是爱、欢乐和笑的殿堂。——**[日] 木村久一**

关系大于教育，关系先于教育。——**李子勋**

合抱之木，生于毫末；九层之台，起于累土；千里之行，始于足下。——**〔春秋〕老子**

问题行为篇

在某种条件下经常出现的行为反应，称为习惯。根据行为主义的观点，人的习惯是通过学习的过程获得的，大多数的习惯是适应性的，满足生物的或心理的需要，可以逃避痛苦、伤害及不愉快刺激。青少年儿童行为问题产生的原因有以下几个方面：一是心理生理缺陷、未充分发展的交往能力和情绪控制能力、自我中心主义等身心发展的不成熟。二是权利、独立、爱和被关注、平等和挑战等学生身心发展的需要。三是习得性行为问题。行为问题有些是非攻击性的，如逃学、离家出走、说谎、严重不服从等；有些是攻击性的，如过分霸道与打架斗殴、残忍对待动物和弱小同学、严重破坏财物、反抗性挑衅行为等。

应对青少年行为问题，需要家长、老师有足够的智慧和耐心，这里提供以下几个建议：其一，与青少年建立沟通关系；其二，改变行为问题青少年的成长环境；其三，对行为问题的矫正需要采用多形态方法；其四，对青少年行为问题的矫正需要兼顾孩子和父母；其五，正强化与消退技术的交替使用；其六，运用模仿与观察学习法、自我管理技术以及认知行为治疗中的共情、积极关注和行为的认知重构。

危机案例分析

惹是生非的阿斌

一 个案基本情况

阿斌，男，15岁，某市城郊接合部居民，家庭结构完整，父亲初中学历，自由职业，母亲初中学历，超市服务员。父亲经常出差，母亲每天下班较晚，周末也经常加班，小时候主要由祖辈带，长大后跟着舅舅，父母陪伴时间不多，祖辈和舅舅比较宠爱，教养方式比较宽松。平时偶尔会跟一群球友打篮球，经常和社会上的一群弟兄混在一起，有打架、抽烟、夜不归宿等不良行为。

（一）班级表现

在校期间，表现懒散，比较叛逆，有文身和染发现象，心眼较小，爱记仇，内隐攻击性较强，处事方式简单，情绪较冲动，看不顺眼就拳脚相加。在军训期间，因受不了苦，产生抵触情绪，伙同其他几个同学挑衅教官，唆使罢训。反向思维突出，易和老师发生顶撞，故意挑战权威来表达不满，也容易和同伴发生冲突，爱出风头，易受同伴怂恿，做出突破底线的行为，在班里以老大自居，美其名曰“帮助老师管理班级”，亦正亦邪的两面性特征较明显。

生活事件及处理（1）：晚自习下课后，阿斌和同伴阿庄两人合计，由阿庄引开老师的注意力，阿斌乘机拿走老师钥匙，从办公室保险柜中拿走两人存放的手机，事后被老师发现，再次收缴了手机。

老师要求两人做出书面检查，同时主要责任人阿斌在班级作公开检查，将事件上报学生处，并通知家长到校处理，开一次微型班会，进行底线思维警示教育。

生活事件及处理（2）：阿斌与小叶在课间玩耍过程中发生肢体冲突，阿斌感觉自己有点吃亏，很没面子，随即挥拳攻击小叶，导致小叶鼻子被打出血。老师及时将两人拉开，防止双方的矛盾进一步升级，但阿斌还不肯罢休，随后老师将其带到办公室隔离冷静。

在阿斌于办公室冷静期间，老师陪小叶到医务室就诊，简单处理后送医院就诊，联系双方家长，告知事情经过。拍片后，小叶鼻梁骨未受损伤，相关医药费由阿斌家长支付，学校要求阿斌做出反思并赔礼道歉。通过这一事件，老师对全班同学进行集体教育，要求学生在平时的玩耍过程中，要有礼有节，不宜言语和动作过度，避免激化矛盾，引发不必要的冲突和身体伤害。

（二）课堂表现

每次周一返校后，一整天几乎都趴着睡觉，上课经常精神萎靡或与同伴聊天，有时会埋头看课外书。智商比较高，作业完成质量较好，但学习的积极性不高，课堂上无出格行为发生。

（三）自我反馈

感觉生活单调无趣，看淡了就好，情感生活也没有意义。何以解忧？唯有暴富。经常会胡思乱想，感觉我想得比较天真，有些事做得太傻，感觉我有时候太小儿科了。

二 心理体检评估

（一）艾森克个性测验（耗时 00：04：43）

精神质（P）：提示被试古怪、孤僻。对同伴缺乏感情，不关心他人，攻击、仇视他人，缺乏同情心和感恩之心，是非观念淡薄，爱钻牛角尖，形成的观念不易改变。（标准分 70）

内外向（E）：属于中间性格特征，有时很平静，有时很疯狂。（标准分 55）

神经质（N）：表现为典型的情绪不稳定，对各种刺激的反应过于强烈，极易焦虑、紧张、发脾气，自控力较弱、易冲动，容易与人发生冲突，影响同伴关系。（标准分 80）

掩饰程度（L）：被试无掩饰倾向。（标准分 45）

（二）SCL-90 症状清单（耗时 00：04：07）

躯体化（中度）：时常感到身体的某一部分软弱无力，感到头痛、手脚发沉无力。

强迫状态（中度）：头脑经常有不必要的想法，有时会出现一片空白，忘性大。

人际关系敏感（中度）：很在意别人对自己的看法；感情容易受到伤害；感到别人都不喜欢自己，对自己不友好。

抑郁（重度）：感到自己对前途不抱希望；感到自己没有什么价值；对事物不感兴趣，常常感到孤独和苦闷；感到自己精力下降，想结束自己的生命。

焦虑（重度）：感到熟悉的东西变成陌生或不像是真的；心中不踏实，无缘无故感到害怕，感到很无助。

敌对（极重度）：有想打人或伤害他人的冲动，有想摔东西的冲动，容易烦恼和激动，经常控制不住与人争论。

恐怖（中度）：害怕一个人独处，单独时神经很紧张；会刻意回避一些事物。

偏执（极重度）：性格固执，主观性较强；有敌对性，没人会相信自己，感到别人都不可信。

精神病性（中度）：即使和别人在一起也感到孤独。

三 归因分析

首先，家庭教育缺位。一方面，阿斌的父亲长期在外，母亲也忙于工作，父母忙于生计，没有情感支撑，家庭教育缺失，缺少正确处理情绪和人际关系的榜样和引导；另一方面，祖辈和舅舅比较溺爱，没有及时地纠正他的不良行为。

其次，个体认知偏差、行为偏常。阿斌正处于青春期，情绪不稳定且容易冲动，控制不住自己的脾气。他的攻击性较强，处理事情的方式简单粗暴，且偏执、主观性很强，有一定的防范性，对他人的想法比较负面。与此同时，还存在着抑郁情绪，感觉做什么事都没什么价值。

最后，社会不良环境的影响。和朋友相处的时候容易被影响和怂恿，做出出格的事情。

四 干预策略建议

第一，无条件接纳。首先，要疏导阿斌的情绪，包括记仇、对教官挑衅、感觉生活没意义等。其次，引导阿斌认识到自己的问题，认识到自己遇事发怒是一种坏脾气，并且慢慢学着控制这种不良的情绪。最后，适当触及阿斌的不合理认知，比如想吵架的时候可以先和朋友们沟通，让亲人和知心朋友了解自己的想法和心情，寻求他们的支持和帮助。

第二，合理情绪疗法。与阿斌进行沟通，强调对自己行为的认识，通过直接干预和重建等手段来改变其认知，从而改变其行为。在这个过程中，阿斌承担着更多的责任，需促进其正确认知。

第三，运用行为疗法。首先用奖励法，让阿斌形成有效调控情绪的适应性行为。在辅导中，针对情绪易冲动、易激怒、体验强度大等特点，通过创设情景反复练习，以奖励的形式强化其形成处理情绪的正确方法和行为。然后采用情境再现，在辅导中，指导阿斌通过想象，感受攻击性行为出现后所带来的种种不快，经过反复的呈现和训练，使痛苦、厌恶感与攻击性行为之间形成一个新的条件反射，促使其为避免不愉快刺激的出现而自觉地阻止、消退攻击性行为。

第四，接受班级管理事务。心理学有一个著名的理论叫自我决定论：人有三种基本的心理需要，分别是自主的需要、能力的需要和归属的需要，如果这些需要得到了满足，那么人就会更加主动、积极和愉快地工作和学习。其中自主需要非常关键，自主性越强，就越能激发出兴趣。阿斌有意愿参与班级管理，在管理的过程中，不仅可以增强他的归属感和胜任感，也能使得阿斌在完成工作过程中付出努力，例如，遇事不可鲁莽，要设身处地替别人多想一想。在这个过程中，慢慢引导阿斌发现自己的愤怒会随着自主性任务的完成消失得一干二净，从而学会控制自己的脾气。

第五，家校合作，建立正确的道德观念。阿斌容易受到周围人的怂恿，一方面说明他的单纯，另一方面也说明他的是非观念还没有建立起来。家人应与阿斌进行“成年人式”的沟通交流，帮助阿斌明白哪些事情可以做，哪些事情不可以做。当然在此教育过程中，家长和教师应该站在统一战线上。

危机案例分析

我是“拆二代”

一 个案基本情况

小C，男，16岁，某市城郊拆迁户，离异重组家庭，家庭经济情况较好，目前和爸爸、后妈一起生活，有一个3岁的同父异母弟弟。自从小C父亲再婚、特别是弟弟出生后，父亲和继母对小C的教育基本上采用放养模式，对小C的学习也没有任何要求。小C父亲自身社会关系比较复杂，因此对小C过早接触的一些社会恶习也习以为常，渐渐地，小C在外交友复杂，跟社会闲杂人员交往密切，出现抽烟、喝酒等不良行为，家里经常留宿不回家的同学和社会青年，自己也出现了夜不归宿现象。更为严重的是，小C逐渐接触到一些黑社会性质的团伙，并经常参加其中一个团伙的活动，直至在外打群架而被人打了一顿后，才引起家长警觉。

（一）班级表现

小C社会人员习气相当严重，目中无人，对同学颐指气使，动不动就看不惯这个，看不惯那个，经常挑衅、辱骂同伴；私藏钢棍、甩棍等攻击性器械进校；勾结校外人员威胁、殴打同学；在校多次抽烟，处分最高至留校察看。

（二）课堂表现

上课学习态度一般，不够认真，经常睡觉，有时跟同伴聊天，有惰性，作业完成情况较差，遇到自己感兴趣的话题就爱表现；在音乐课上积极认真，会主动参与课堂活动，会与老师和同学互动，对音乐老师比较尊重。

（三）自我反馈

想要实现我的梦想，但又无力去完成；感觉爸爸再婚后，家人对我关心不够；我是“拆二代”，在外有个小圈子玩得很好；很喜欢我的“女朋友”，经常在朋友圈晒“女朋友”的照片炫耀；最看不惯某某很拽的样子。

二 心理体检评估

（一）艾森克个性测验（耗时 00：05：30）

精神质（P）：喜欢一个人，不关心他人；缺乏同情心，感觉迟钝；对人抱有敌意，即使是自己的亲人也如此；不惧危险，喜欢恶作剧。（标准分 75）

内外向（E）：典型外向特征，话多，喜欢人多的场合；喜欢冒险，情绪较难控制，不爱一个人阅读或学习。（标准分 65）

神经质（N）：表现为典型情绪不稳定，对各种刺激反应过于强烈，极易发脾气，容易产生同伴冲突。（标准分 70）

掩饰程度（L）：被试无掩饰倾向。（标准分 35）

（二）SCL-90 症状清单（耗时 00：04：51）

人际关系（轻度）：同异性相处，有时感到比不上他人。

抑郁（中度）：偶尔会感到精力下降，感到孤独、苦闷；感到做事有些力不从心。

焦虑（中度）：常无缘无故地感到紧张，神经过敏，觉得所熟悉的环境都变得陌生，过一会儿会有所缓解。

敌对（中度）：有时不能控制自己的情绪，有想打人或摔东西的冲动。

偏执（中度）：性格固执，有时有敌对性，感到别人都不可信。

（三）父母养育方式评价量表（耗时 00：04：24）

被试感到父母总是使用过分严厉的教养方式，被试认为父母严重干涉自己的事情，经常采取拒绝或否定的态度来教育。

（四）家庭环境量表（耗时 00：05：48）

矛盾性：被试在家庭成员之间不愿意公开表露自己的愤怒情绪、攻击倾向和矛盾性。

成功性：被试家庭成员不能将学习、工作等活动视为自己追求的目标，上进心不足，缺乏成功的体验。

控制性：被试家庭成员在安排家庭生活时有固定的家规、伦理道德和价值观。

三 归因分析

首先，个体存在认知偏差和品行障碍。小 C 有明显的挑衅和攻击行为，学校规则也不愿意遵守，学习态度不积极。随着青少年生理心理的发展，社会活动的范围不断扩大，人与人之间的交往能力也会增多，可能会接触到一些不良分子，但是因为青少年缺乏一些社会经验和辨识能力，加之情绪容易变化，思想也不稳定，自控力差，很容易受到不良分子诱骗，和他们同流合污，进行一些违法活动。

其次，家庭教养方式不当。首先，小 C 的爸爸再婚之后，尤其是二孩出生之后，疏忽了对小 C 的关心和教育，对于小 C 的不良行为视而不见，没有及时引起重视，对小 C 的学习没有要求，也没有建立好合理的目标追求，缺少了学业成绩方面的外部动机。其次，小 C 习得了一些社会恶习，没有人阻止或加以引导。最后，家长在养育的过程中，采取一刀切的方式，简单粗暴。过于严厉的教养方式，没有给小C应有的尊重和理解，导致小C在家中也不愿意表达自己的愤怒情绪，堆积的情绪得不到疏解，在学校爆发出来。

最后，社会不良环境影响。长期与社会不良同伴接触，养成习得性不良行为。

四 干预策略建议

第一，无条件接纳。小C身上也有一些优点，一是字写得好，二是朗诵主持有一定潜力。因此，在每次违纪的处理时，本着惜才和育人的初衷，留有一定余地，小C也在一次又一次的违纪和被教育中感受到老师们的善意和良苦用心，最后信任并接纳老师，听从老师的一些建议，慢慢地与社会上的一些不良朋友脱离接触。进入高中以后，小C的思想逐步成熟，对同学的那种傲气也慢慢收敛。此时，我们开始让他参与班级和主持学校的一些文艺活动，他也表现得很出色。

第二，学会有效的情绪调节。情绪是自然产生的，但也是可以管理的。当感到愤怒的时候，如果采取的是攻击等影响他人的行为，会对自己的社交生活产生影响，会引起其他的后果。老师可以告诉小C一些其他的调节方法，例如，把注意力转移到自己感兴趣的事情上，如音乐、朗诵和书写等，一方面能控制自己的情绪，另一方面也可以采取积极自我暗示的方法，在不知不觉中对自身的意志、心理以及生理状态产生影响，令个体保持良好的心情、乐观的情绪，增强自信心、调动主观能动性。最后，让小C能适当地表达自己的情绪，而不是把消极情绪憋在心里。

第三，提高自尊水平。老师应该引导其进行正面的自我认知与评价。进一步了解他的梦想和实现过程中遇到的困难，找到让他产生价值的兴趣点。学校层面，要把学生看作有独特价值、有发展潜能的个体，创造良好的施展才能的平台。老师也要对学生进行更多积极肯定的评价和鼓励，以提升他们的自尊水平。

第四，构建和谐的家庭氛围。父母是孩子的第一任老师，言传不如身教。在家中，要起到榜样的作用，也要用正确的方式表达爱和关心。研究表明，父母的控制会对子女的攻击行为产生影响。因此，父母的素质需要提高，并且家长与青春期的学生相处的方式需要改进。

第五，学校助力。学校可以多与学生家长进行交流和沟通，让学生家长学会运用正确的表达爱的方式，并学会给予孩子适当的独立发展空间；也可以为孩子提供与家长沟通交流的方法，学会换位思考；还可以组织适当的亲子活动，让家长参与到孩子的生活中，通过改善亲子关系来减少孩子的攻击行为。

危机案例分析

游走“江湖”边缘的小王

一 个案基本情况

小王，男，15岁，外来务工家庭，暂租住在某市城郊接合部农居房，离异家庭，由父亲监护抚养，有时也会跟妈妈生活几天。父亲初中学历，工人，母亲小学学历，从事服务行业。父亲工作需要经常出差，平时周末小王基本处于放养状态。父亲教养方式比较简单粗暴，以打骂为主，对于孩子出现的问题处理得比较严厉。亲子之间沟通交流较少，关系较僵硬。在家时，小王生活懒散，啥都不干，而且脾气很大，除了玩游戏就是睡觉；社会关系复杂，结交了一些游手好闲的社会不良青年，有敲诈勒索、抽烟、打架和经常夜不归宿等不良行为，也有偷拿父亲的钱出去挥霍的现象。父亲期望值较低，曾试图周末让孩子待在身边体验生活，用没收手机等方式督促孩子改变，但效果并不理想，小王反而变本加厉与父亲作对。

（一）班级表现

不注重个人卫生，做事拖拉，自己分内的事，总喜欢和老师讨价还价，对老师的管理以对抗来应对，班干部指出他的不是，就与班干部发生肢体冲突。情绪暴躁，会觉得同学说不中听的话是在针对他，随即就会发生冲突。经常无故旷课，有抽烟、骂脏话等不良习惯。经常在同伴中吹嘘和社会闲杂人员混江湖的事，很是得意，表示毕业后，想去混社会走江湖做老大。

（二）课堂表现

上课几乎很少认真听讲，经常看小说、睡觉；作业基本是抄袭或不做；无缘无故辱骂同学，挑起与旁边的同学斗嘴；觉得课堂上很无聊，在自己和同学的衣服上乱涂乱画；经常无视个别老师的警示，老师一旦严格要求其课堂纪律，就与老师对着干，唯恐天下不乱。

生活事件及处理：一次放国庆长假，小王趁父亲外出干活之际，从家里拿走了几千元钱，在外和社会人员鬼混，到假期结束也未回校上课。

班主任发现孩子未按时回校上课，马上就和家长取得联系，得知家长也因工作关系不知情，随即要求家长赶回一起寻找孩子。寻找未果后，老师每天继续和家长保持联系，同时在同学中不断采集有效信息协助家长进行寻找。小王离家四天后，花光了钱回到了家。当得知孩子已回家，老师的心才落地，毕竟孩子在外不安全，容易犯错。回校后，班主任要求小王写出几天的经过以留下有效记录信息，同时要求其做出自我反思，学生处给予诫勉谈话，并作校纪处分。召开微型班会，警示、告诫其本人和全班同学，在外与闲杂人员鬼混非常不安全，容易被利诱走上犯罪道路。与家长进行沟通，向家长说明恶劣的亲子关系容易把孩子推向深渊，要求家长每周接送并在周末能陪伴孩子。鼓励小王积极参加班级和学校各种活动，这样就不会觉得无聊和空虚，以增强小王的归属感和自信心。

（三）案例点评

敷衍，阻抗较大，对老师比较防范，设防严重，没有真实反映出内心想法，用消极无所谓状态对待问题，对老师的建议最多就是简单应承，几乎不改变行动，对老师缺乏信任，对同伴有敌意，自我防护意识较强。

二 心理体检评估

（一）艾森克个性测验（耗时 00：03：44）

精神质（P）：提示被试孤僻、麻烦，对同伴缺乏感情，不关心他人；攻击、仇视即使很亲近的人。缺乏同情心和是非观念，爱钻牛角尖，形成的观念不易改变。（标准分 90）

内外向（E）：属于中间性格特征。（标准分 45）

神经质（N）：表现为典型的情绪不稳定，对各种刺激的反应都过于强烈，情绪激发后在短时间内很难平复，极易焦虑、紧张、发脾气，容易与人发生冲突，睡眠不安，容易出现各种心理问题。（标准分 65）

掩饰程度（I）：提示被试毫无掩饰倾向（标准分 30）

（二）SCL-90 症状清单（耗时 00：01：50）

该项评估由于阻抗较大，属无效评估。

（三）家庭环境量表（耗时 00：00：49）

该项评估由于阻抗较大，属无效评估。

（四）父母养育方式评价量表（耗时 00：01：45）

提示被试的父母在养育的过程中，总是使用过分严厉和惩罚的教育方式；严重干涉被试自己的事情；极易采取拒绝和否定的态度来教育被试。

三 归因分析

首先，人际关系处理欠妥。小王在家庭中与父亲的关系僵硬，在学校与同学和老师发生冲突，在社会上结交不良少年。其正值青春期，还没有形成正确的价值体系，做事容易冲动不计后果，比较冷漠，共情能力较弱；独立意识开始增强，不愿再听老师和家长的教导，而自身心理发育不成熟，加上阅历和经验的不足，认知事物时容易出现认识上的片面、偏激、固执和极端化，引起人际关系紧张，出现敌对心理，并且自我控制能力差。

其次，家庭教养方式不当。单亲家庭会对其子女的身心发展产生一定的影响，父亲由于工作的原因需要经常出差，平时散养，疏于管教，不能够及时履行抚养教育孩子的职责，孩子因家庭破碎带来的害怕、孤独得不到安抚，积累到一定程度，便用暴力的形式发泄出来；同时，家庭氛围消极压抑，父亲的处理方式简单粗暴，打骂式教育导致家庭成员之间关系很紧张。

最后，父母奉行“棍棒之下出孝子”的教育理念，经常对孩子打骂来树立自己的威严，伤害了孩子的自尊心，长期压抑下，会助长孩子的不良行为。

四 干预策略建议

第一，营造和谐的家庭氛围。青少年良好道德品行的塑造，离不开和谐的家庭氛围。建立平等的亲子关系，父母和孩子之间要经常站在彼此的角度思考，体验对方的心理活动，从而加深孩子和父母之间的互相理解，建立良好的亲子关系。父母需要多花时间和精力参与到孩子的学习生活中，陪伴他们做有意义的事情，多夸奖他们取得的一点点进步和成绩，多与他们沟通交流，做他们忠实的倾听者和开导者，并且主动分享自己的烦恼，多表达自己的关爱和重视。

第二，重视道德法制教育。首先，家长和教师要以身作则，约束好自己的行为。其次，进行道德教育，树立正确的价值观。在这个过程中，要注意言辞不能偏激，对孩子采取简单粗暴的方式会引起其叛逆情绪和暴力行动，不利于形成理性的思维和行动。父母应该用文明的教育方式在第一时间纠正孩子的错误，耐心开导和说教，鼓励他们做正确的事情，引导他们向好的一面看齐。最后，在管教的过程中，要以理、以德服人。青少年在家或者在学校犯错后，应该让他们意识到做错事是要承担后果的，从而树立担当和责任意识。

第三，开展主题班会。通过主题班会，让同学们辩论哪些行为是正确的，哪些是不正确的，切实加强思想道德教育和心理健康教育。通过这样的方式让学生建立完整的价值体系，提高自我管理的能力，明辨是非，努力做到不违反校纪校规。同时，教师做到不放弃每一位学生，鼓励同学们发现彼此的优点，不孤立任何一位学生，营造良好的班级氛围。组织各种班级活动，尽量让每一个学生参与其中，增强团体凝聚力，让学生产生归属感。

第四，坚持以人为本。教师在督促学生学习学科知识的同时，也要用欣赏的眼光看待每一位学生，去关注他们的情感世界。老师可以帮助王同学找到自己的优势，让他积极参与到班级建设和校园活动中，用关爱去感化王同学。

第五，特质正念辅导。正念不仅是一种有效的外部情绪调节方法，还可以成为个体所内化的情绪调节能力——正念特质。Gross 及诸多研究者对情绪调节的大量实验研究表明，善于使用认知重评的个体，其幸福感、抑郁程度和生活满意度等心理健康水平较为积极。因此，可以通过正念训练来缓解王同学的敌对情绪，在其产生愤怒和敌对情绪的时候，能够及时地调节和控制。

危机案例分析

颓废“学霸”

一 个案基本情况

浩浩，男，15 岁，外来务工家庭，租住在市区。父母初中学历，以打工为生。浩浩在七年级时学习成绩较好，属于“学霸”类，但自从七年级暑假迷上手机游戏之后，亲子关系开始变得非常紧张。起初父母还是期望值很高，对其严格要求，自从把手机没收后，孩子多次威胁要跳楼，也多次离家出走，就不敢再对孩子有约束，导致浩浩每天放学回家都要玩手机到凌晨，成绩也一落千丈。

（一）班级表现

对生活态度消极、懒散，对做任何事情都是无所谓的态度，与同学关系相处不错，沉迷游戏，周末经常替别人代练游戏。

（二）课堂表现

学习动力缺失，上课不吵闹也不积极，经常睡觉，抗拒学习，对老师提醒感到无所谓。

（三）自我反馈

随性而为，在专门学校没有学业压力，我很开心。

二 心理体检评估

（一）艾森克个性测验（耗时 00：05：09）

精神质（P）：提示被试比较固执、古怪，遇到麻烦较多，孤僻，对同伴和小动物缺乏感情，很少关心他人，有时表现为残忍，较少有同情心和人道主义精神，做出些正常儿童不做的古怪事情。（标准分 60）

内外向（E）：属于中间性格特征，无明显喜欢活动和安静的特点，做事情不冲动但也不过分犹豫不决，态度平淡，热情而不失控，有节而不保守。（标准分 55）

神经质（N）：表现为典型的情绪不稳定，对各种刺激的反应过于强烈，情绪被激发后很难在短时间内平静下来，极易焦虑、紧张、发脾气，强烈的情绪反应影响其与他人的交往，容易与人发生冲突，睡眠不安，容易出现各种身心问题。（标准分 70）

掩饰程度（L）：被试无任何掩饰倾向。（标准分 35）

（二）SCL-90 症状清单（耗时 00：05：15）

强迫症状（重度）：每天有 4—6 小时重复某些动作，影响日常生活学习；不能集中注意力，不能摆脱头脑中不必要的想法，做事难以做出决定。

人际关系敏感（中度）：对别人讲话比较留心，常担心别人会议论自己，有时会感到别人不理解、不同情自己。

抑郁（中度）：有时感到精力下降，对事物不感兴趣，对前途失去信心，孤独感增加。

焦虑（重度）：经常神经过敏，忽然感到一阵阵恐惧，浑身发抖，心跳得很厉害。

敌对（中度）：有时会烦恼和激动，不能很好地控制自己的脾气和情绪，会与人争论，有想破坏东西的冲动。

偏执（中度）：怀疑性明显，不轻易相信他人，常常感到别人想占自己的便宜，对自己的成绩没有做出正确的评价。

精神病性（中度）：即使和别人在一起也感到孤独。

（三）生活事件心境筛查

近几周，有几天做事提不起劲或没有兴趣，入睡困难、睡不安稳，食欲不振，对事物专注很困难，觉得自己很糟糕也很失败；有一半时间感到心情低落、沮丧、烦躁不安；几乎天天感觉疲倦或没有活力。

三 归因分析

首先，游戏成瘾是主要原因。暑假长时间接触手机游戏，使神经中枢持续处于高度兴奋状态，肾上腺素水平增高，从而形成心理依赖，由此形成恶性循环，最终导致游戏成瘾。显然，浩浩在暑假的时候长时间接触手机游戏后，再回到学校，便觉得学习生活索然无味，不像游戏那样让人感到兴奋和刺激，从而成绩一落千丈，与家人关系也变得紧张。

其次，青少年身心发展尚不成熟。青春期正处于求知欲旺盛的时期，对于互联网和层出不穷的游戏总是想试一试和看一看，但价值观和行为方式尚未定型，缺乏自制力和自律性，往往难以抵制网络游戏的诱惑。同时，青春期的孩子认知能力有限，面对新奇的游戏很难明辨是非，容易被左右。这也是手机被没收后浩浩多次以自杀威胁和离家出走的原因，身心不成熟的浩浩选择以这种极端的方式让父母妥协。

再次，家庭、社会等客观原因也不容忽视。暑假父母极有可能因为忙于工作忽略了和孩子的情感沟通，而孩子也因为不能每天见到关系要好的伙伴增加了使用手机的时间。在电子信息时代的大环境下，手机和网络成为不可或缺的通信工具，但缺乏父母和老师正确引导的青少年则更多地把手机和网络当成一种娱乐工具。因此，手机的使用让浩浩和父母之间的距离更远，浩浩更加不愿意被父母约束。

最后，马斯洛曾提出人类的五种需求，最后一种是自我成长的需求。浩浩成绩一落千丈后，只能通过游戏来满足内心对尊重、归属和爱的需要。和父母关系紧张后，也更倾向于在游戏团体中获得同伴的认同和肯定，从而摆脱心中的孤独和冷漠。因此，一旦离开手机游戏便觉得自己对其他事物缺乏兴趣，心情低落，烦躁不安。

四 干预策略建议

第一，走出游戏，投身现实。服务他人比起游戏的虚拟世界更具有现实意义，老师和家长可以带领孩子参加社会实践活动，让孩子组织自己感兴趣的部分，通过劳动和工作的成就使自己快乐，改变自己。也可以鼓励孩子寻找其他的替代爱好，例如运动、玩乐器等等，让孩子的好朋友多多带动孩子在其他方面的参与。以这些现实的活动来取代游戏的刺激，既能够增强身体素质，又能够改善心情，促进身心健康发展。

第二，正确认识游戏，提高自控能力。家长和老师应该加强网络教育，让孩子认识到游戏是一把双刃剑，虽然可以供闲暇时间娱乐，但是玩得过多就会带来焦躁、无法入眠等负面影响。认识到这些危害性，能使孩子对网络游戏做出客观、正确的评价，调整自己不正确的认知，提高孩子自觉抵制游戏的能力。

第三，向专业人士求助，克服游戏成瘾。家长可以带领孩子寻求专业心理咨询师的帮助，来减轻孩子的游戏瘾。可以用系统脱敏法，帮助孩子设定“小步子”计划：第一个月，每周累计游戏时间不超过 7 小时；第二个月，每周累计游戏时间不超过 5 小时；之后以此类推。完成情况良好则能以一些与游戏无关的东西作为奖励。父母需要严格监督孩子，若孩子不能按计划完成，应如实向专业人士说明，及时进行干预。

第四，家庭治疗，满足爱的需要。家长应明白孩子可能存在严重的成瘾问题，但是不能责备孩子，要尽量和孩子就迷恋游戏的原因进行开诚布公的交流，认真倾听孩子的感受，了解孩子的真实需求，周末和假期可以带孩子一起郊游或者度假，带孩子接触其他非游戏的新鲜事物。

第五，时间管理技术，建立正常的生活作息。这一技术重点在于通过给予孩子适当的支持，帮助孩子发展出积极的行为方式以取代玩游戏。比如，孩子是在放学后玩游戏，那就让孩子在放学后参加兴趣班或者帮忙做家务（孩子不愿意学习的情况下），让孩子适应一种新的时间模式，逐渐改变玩游戏的习惯，用其他孩子可以接受的事情占用游戏时间，以此逐渐减少玩游戏引起的问题。

危机案例分析

我与后妈的“战争”

一 个案基本情况

小李，女，17 岁，离异重组家庭，父亲为监护人，大学学历，某企业职工，继母高中学历，自由职业，有一同父异母的弟弟，重组家庭氛围尚可；母亲离异后再婚再育，其他情况不明。父亲能尽到责任，对小李的要求就是规规矩矩做一名学生，但小李一次次让父亲失望，经常夜不归宿，谎话连篇，个人卫生习惯极差，甚至会在卧室大小便。

生活事件：小李继母平时对其在生活上给予照顾，但某次因为小李在外乱交朋友，并侮辱继母，继母与小李父亲一起对其实施家暴。小李认为是继母第三者插足，破坏了她的原生家庭，由此一直以来心怀怨恨，与继母处于敌对状态。本人社交活动广泛，生活混乱，多次被父亲从派出所领回。

（一）班级表现

在校有顶撞老师行为，师生关系一般，疑心较重，有敌视现象，同伴关系较差，个人卫生习惯较差，有不服从班级管理和工作安排等现象。

生活事件及处理：旷课多日，并拉黑家长、老师和同学的联系方式，经多方联系，说是在医院做人流，不愿回家，班主任要求其先回校再说。回校当晚，小李被保安发现在校门口与一男子搂抱交流，看到保安过去就立马“瘫软”在地上，保安随即通知值班老师，抬到医务室介入处理，班主任联系家长。

经过交流和查看撕毁的病历、片子等发现，这几天是在陪社会上一女性朋友做人流，并非是其本人，她是装成这样的。待家长到校后带回反省。

（二）课堂表现

上课看心情，正常的时候还比较认真，作业、笔记等能按时完成，学业水平处于班级中等，情绪低落的时候就是睡觉，偶尔会讲话。

（三）案例点评

自我效能感较低，情绪不稳定，易焦虑，缺乏有效的情绪宣泄方式，存在较明显的人际关系困扰，感觉别人对自己不友好，在人际交往中习惯性会说谎；没有可倾诉的真正的好朋友。

二 心理体检评估

（一）艾森克个性测验（耗时 00：04：32）

精神质（P）：提示被试的精神质在正常范围内，能与其他人正常交往，无明显固执、古怪、麻烦等表现，能善待其他人，会关心他人，表现出一定的同情心和人道主义精神，人际关系较好。（标准分 55）

内外向（E）：属于中间性格特征，无明显喜欢活动和安静的特点，做事情不冲动但也不过分犹豫不决，态度平淡，热情而不失控，有节而不保守。（标准分 45）

神经质（N）：表现为典型的情绪不稳定，对各种刺激的反应都过于强烈，情绪被激发后很难在短时间内平静下来，极易焦虑、紧张、发脾气，强烈的情绪

反应影响其与他人的交往，容易与人发生冲突，睡眠不安，容易出现各种身心问题。（标准分 75）

掩饰程度（L）：提示被试对问题回答真实，具有较高的可信度，无明显的掩饰倾向。（标准分 50）

（二）SCL-90 症状清单（耗时 00：04：27）

躯体化（轻度）：有时感到头昏或头痛，同时还伴有一些肌肉酸痛或腰痛，稍感疲倦。

强迫症状（轻度）：头脑中有时会产生不必要的想法，感到难以完成任务，注意力不集中，但时间较短，尚能学习和生活。

人际关系（中度）：对别人讲话比较留心，常担心别人会议论自己，有时会感到别人不理解、不同情自己。

抑郁（中度）：有时感到精力下降，对事物不感兴趣，对前途失去信心，孤独感增加。

焦虑（中度）：常无缘无故地感到害怕，心跳得很厉害，觉得所熟悉的环境都变得陌生，但过一会儿会有所缓解。

敌对（轻度）：偶尔有想摔坏或破坏东西的冲动，有时不能控制自己的情绪。

恐怖（中度）：不敢在黑暗中独处，怕单独出门，因为害怕会刻意回避某些事物。

偏执（轻度）：性格固执。有时会有敌对性，感到别人不可信任。

精神病性（轻度）：偶尔有幻听，觉得旁人能知道自己的想法，即使和别人在一起也感到孤单。

三 归因分析

首先，小李认知出现偏差，特别是对家庭以及自己和父母的关系一直抱有错误的认识，导致对父母的敌意比较大，容易出现过激行为。

其次，受家庭因素的影响。根据弗洛伊德精神分析理论，儿童在肛欲期，如果没有很好的引导，会导致出现肛门排出型人格，导致出现不讲卫生的情况。加上小李父母离异，母亲离开后一直没有音讯，可能对她的成长发展造成影响。父母都再婚，重新组建家庭，小李对继母充满敌意，可能导致她感到自己是个外人，失去了家庭固有的安全感，做出一些过度的行为想引起父亲注意。

再次，是受个人主观因素的影响。根据埃里克森人格发展八阶段理论，小李目前处于青春期阶段，面临着自我同一性和角色混乱的冲突，青春期个体本身情绪变化不稳定，有明显两极化的特点，导致小李这样的青春期学生更容易产生过激行为。同样因为家庭因素造成的安全感缺失，导致小李情绪不稳定，容易出现焦虑、不安的情绪，加上外界环境的影响，直接引发小李产生心理问题。

最后，学校因素。小李缺少安全感的成长过程，让她在学校的人际交往也存在较为敏感、易受伤害的特点，导致她与老师、同学关系都处理不好，觉得没有人理解她，遇到困惑时缺少来自同伴和老师的情感支持，转而与社会不良少年人群来往密切，学了不良的行为。

四 干预策略建议

第一，运用人本主义。采用真诚、温暖、共情等治疗技术，以及无条件积极关注的方法，与小李建立良好的咨询关系，取得她的信任，使她感受到被人理解、支持，从而获得力量。小李缺乏情感支持较为明显，她需要一个能理解、共情的支持者，帮助她做出改变。

第二，进行认知调整。老师可以帮助小李认识到其对家庭、父母错误的认知：父母的离婚可能只是关系不和，不是受到他人的影响；父母都是爱她的，支持她的。以此帮助她改善家庭关系，获得家庭情感支持。

第三，通过行为矫正。小李不讲卫生的行为，可以使用行为改变技术，制订计划，强化目标行为。同时针对小李同伴关系的问题，给予一些处理同伴关系的技巧，帮助她改善同伴关系。

第四，采用精神分析。可以看出小李的某些行为问题可能来自早期童年的经历，可以使用精神分析的技术，发掘问题行为背后真正的原因，从而解决问题。

危机案例分析

楼顶男孩

一 个案基本情况

小李，男，16岁，家庭完整，父母从事家庭式小餐馆，有一个哥哥在外打工。母亲初中学历，教育方法较为缺乏，有点溺爱；父亲没读过书，父子吵架居多，教养方式以打骂为主，家庭气氛比较紧张。小李多次对父母扬言要割腕和跳楼。

因疫情等影响，餐馆生意惨淡，家庭生活较为拮据。过年之前，小李偷走了家里仅有的2000元交房租的钱在外挥霍，以致家庭过年都非常困难。父亲暴怒，痛打了小李一顿，并将其赶出家门，扬言“去死好了”。

小李在外结交了一些不良社会青年，经常夜不归宿，去酒吧、KTV等未成年人不宜进入的场所，曾因同伴吸食毒品，被公安机关传唤。

生活事件及处理：寒假过年期间，与家人要钱无果，与父亲发生口角后离家，随即发信息给心理老师，表述在通往楼顶的楼梯上，有跳楼的想法。

学校随即启动应急预案，心理老师保持在线安抚，班主任联系家长，家长极不配合，并反馈“让他去死好了”，学校报警求助，警察上门后，家长也不配合一起去寻找孩子，最后警察找到小李并送回家。

（一）班级表现

在班级总体表现消极，做事散漫、拖拉、不负责任，与同学关系一般，经常和一些表现差不多的同学玩。师生关系一般，无冲突事件发生。爱好体育运动，在田径短跑项目上成绩不错，日常会积极主动参与训练。

（二）课堂表现

整体表现较好，比较安静，不会影响课堂纪律，但课堂参与度较低，注意力不够集中，经常有走神发呆的情况，睡觉现象时有发生，作业基本不完成，对学习没有兴趣。

（三）自我反馈

我觉得做人没意思，经常自残，手臂有多条划痕，透露时常到楼顶，有跳楼的想法。要是有个对自己好的“女朋友”就好了。

二 心理体检评估

（一）艾森克个性测验（耗时 00：06：52）

精神质（P）：提示被试的精神质在正常范围内，能与其他人正常地交往，无明显固执、古怪、麻烦等表现，会关心他人，表现出一定的同情心和人道主义精神，人际关系较好。（标准分 55）

内外向（E）：属于中间性格特征，无明显喜欢活动和安静的特点，做事情不冲动但也不过分犹豫不决，态度平淡，热情而不失控，有节而不保守。（标准分 45）

神经质（N）：表现为典型的情绪不稳定，对各种刺激的反应过于强烈，情绪被激发后很难在短时间内平静下来，极易焦虑、紧张、发脾气，强烈的情绪反

应影响其与他人的交往，容易与人发生冲突，睡眠不安，容易出现各种身心问题。（标准分 85）

掩饰程度（L）：被试无任何掩饰倾向，回答问题真实可信，行为朴实，能够袒露自己的内心体验。（标准分 40）

（二）SCL-90 症状清单（耗时 00：04：25）

强迫症状（中度）：非常注重自身的仪表仪态，做事反复做的动作明显，注意力不易集中。

人际关系敏感（中度）：感情容易受伤，时常感到比不上他人，对别人讲话比较留心，常担心别人会议论自己，有时会感到别人不理解、不同情自己。

抑郁（中度）：容易一个人哭泣，感到受骗、中了别人的圈套，时常感到孤独、苦闷，过分担忧，对事物不感兴趣，对前途不抱希望。

敌对（中度）：容易烦恼和激动，不能很好地控制自己的脾气和情绪，时常会与人争论，有想破坏东西和伤害他人的冲动。

偏执（中度）：时常感到有人在监视或谈论自己，怀疑性明显，不轻易相信他人，常常感到别人想占自己的便宜，旁人对自己所做的业绩没有做出正确的评价。

精神病性（中度）：偶有幻听和想到死亡，经常难以入睡或睡眠不深，时常觉得旁人能知道自己的想法，即使和同伴在一起也感到孤独。

三 归因分析

首先，家庭环境存在不安全因素。小李从小就缺乏应有的父爱，没能获得父母给予的最基本的信任，父母也因忙于生计而忽略了对小李的教养，形成了不信任、不安全的亲子关系。

其次，小李遇事缺乏冷静思考。与家人发生矛盾时，小李父亲处理方式简单、粗暴，不仅用语言暴力责备孩子，更是逼着孩子往绝境走，这让小李更是无法控制情绪，导致其在情绪激动的情况下，时常选择不当方式来应对。

最后，个体缺乏自信，缺失认同感。小李为了在别人心中留下好印象，时常仗着自己在运动方面的一点天赋，炫耀自己的肌肉和运动训练画面，也会有在老师在时好好表现的强烈愿望，总是认为自己的作用很大或者很重要。究其原因，是小李想通过展示自己良好的形象，来掩饰那些自以为不为人知的不良行为，以达成自己某种不合理的需要，获取周围人的认同，是一种不自信的表现。但过度的自我展示反而导致其父亲恨铁不成钢的想法不断升级，亲子冲突也就不断升级。

四 干预策略建议

第一，了解孩子的心理需要。父母应给予更多的关注，看到孩子存在的问题，能够及时与孩子就假期的表现进行沟通，特别是父亲要让小李同学感受到来自家庭的温暖和关爱，从家人的陪伴中获得自尊和自信。可以让孩子到店里帮忙，让他感受到自己在家庭中的一份责任，可以找时间和孩子聊聊他感兴趣的运动话题，了解孩子的真实想法，更好地帮助孩子摆脱问题。

第二，看到孩子的闪光点，用鼓励和赞美强化孩子的优良行为。父母不能仅因为孩子的叛逆和不合理需要就将孩子全盘否定，应该看到孩子对于自己冲动行为的反思，看到孩子在学校的良好表现和运动特长等，鼓励小李积极参加运动训练，增强体质的同时不断提升运动技能水平，以树立孩子的自信心。

第三，学校老师可以做父母和孩子之间的黏合剂。倾听小李在家庭中的烦恼，及时将小李的反思和学校表现反馈给父母，让父母看到孩子的进步和成长。同时，还要在小李出现问题的时候及时沟通，这样既能够积极有效解决问题，还能够强化孩子在面对问题时的思考，对行为后果的反思，把学校的良好表现带回家庭中。

第四，通过“阳性强化法”以正品行。当小李能够在老师的指导下进行反思或者意识到自己存在的问题时，要及时给予鼓励来正面强化其恰当的反应和行为，以此矫正小李的不良行为，逐步养成良好品德。

第五，务工代币，增强信心。可以采用行为疗法中的“代币法”来促使小李改变。比如节假日，父母可安排其到餐馆做服务员或送外卖，并给予一定的劳动报酬，对其认真投入的态度及时表扬，同时告知学校老师，使其能感受到老师和父母对他的肯定，也让其认识到，通过自己的努力能获得他人的承认和赞赏。

危机案例分析

以“拳”谋生

一 个案基本情况

小龙，男，15 岁，寄读于某中学初二年级，本地居民，家住城郊接合部，再婚家庭，母亲和继父都是初中学历，继父曾因斗殴伤人入狱，母亲与继父又育有一个小妹妹。生父无法联系上，母亲很难管教他，继父的教育方式就是用“拳头”说话。所以，小龙在老师面前总是装傻充愣，而在同学面前就喜欢招惹是非，挑衅他人。

（一）班级表现

小龙顽劣行为较多：经常惹是生非，和同学打架，有时一天打两三场架，不仅是同班同学，其他班级的只要看不顺眼，就会挑事招惹。任性无赖，动不动就发火、吵闹，为满足自己的需要毫无底线，经常不服从老师的管教，受到批评时就装傻充愣，实则内心不服。

生活事件及处理：一天早上，发现小龙正举着凳子，像狮子一样追打着同学小王，同学们呼喊着“打、打、打”，班主任急忙跑进教室。

“有什么事情不能商量的，一定要打架？只要动手就是错。”班主任说。

小王说：“老师，我只是不小心把他桌上的东西碰掉地上，他就开始打我了。”

“谁叫你不跟我道歉！”小龙激动地回答。

班主任首先把凳子从小龙手里夺了下来，并将两人带出教室，问明事情原因之后，让小王先回教室，把小龙的东西捡起来，然后教育小龙：“老师能理解你自己桌上的东西掉了一地，当时心里很恼火。同时，你能明白做错事情要道歉，今天能认识到这一点就非常不错，说明你现在懂事了。但你后面的举动是不是有点不妥了？无论小王是故意还是无意的，总不至于拿着凳子去打人家啊，万一出点伤害事故，你再有理也得你自己承担后果。”小龙点头承认了自己的错误，此时，小王也收拾好物品走了过来，并向小龙道了歉，小龙也向小王承认了自己没弄清事情就打人的错误。

（二）课堂表现

不爱读书，经常破坏课堂纪律。上课的时候，书本基本不翻开，笔也懒得动一下，课后作业基本不做，课堂上不是睡觉，就是弄周围同学的衣服和学习用品，要不然就是扮鬼脸，惹同学发笑，影响老师上课。

（三）自我反馈

上周末又被继父打了，到现在还痛，总有一天我要收拾他的；活着很无趣，世界上没一个好人；看着那几个人就是很不爽；要是有钱花，就可以自由自在了。

二 心理体检评估

（一）艾森克个性测验（耗时00：04：40）

精神质（P）：喜欢一个人，不关心他人；缺乏同情心，感觉迟钝；对人抱有敌意，即使是自己的亲人也如此；不惧危险，喜欢恶作剧。（标准分85）

内外向（E）：典型外向特征，话多，喜欢人多的场合；喜欢冒险，情绪较难控制。（标准分 70）

神经质（N）：表现为典型情绪不稳定，对各种刺激反应过于强烈，极易发脾气，容易跟同伴产生冲突。（标准分 75）

掩饰程度（L）：被试毫无掩饰倾向。（标准分 45）

（二）SCL-90 症状清单（耗时 00：05：53）

躯体化（轻度）：有头晕、头痛、疲乏、虚弱等躯体不适的感觉。

强迫症状（中度）：反复做的动作明显增多，一天中有几个时段忘性大，注意力不能集中，头脑一片空白，难以做出决定，难以完成所做事情。

人际关系（重度）：感情非常容易受到伤害，常有自卑感，总感到比不上他人。但对别人的评价非常在意，有时显得神经过敏，会表现出主动攻击，影响其人际关系，朋友较少。

抑郁（轻度）：有时感到精力下降，偶尔对事物不感兴趣，对前途失去信心，孤独感增加。

焦虑（中度）：常无缘无故地感到紧张，神经过敏，觉得所熟悉的环境都变得陌生，过一会儿会有所缓解。

敌对（重度）：有时不能控制自己的情绪，有很想打人或摔东西的冲动。

偏执（中度）：性格固执，有时有敌对性，感到别人都不可信。

精神病性（轻度）：偶尔有幻听，觉得旁人能知道自己的想法，即使和别人在一起也感到孤单。

三 归因分析

首先，家庭教养方式不当。小龙的继父常打骂小龙，这让小龙模仿学会了用武力解决问题的错误方法。其实，小龙心灵比较脆弱，打骂教育只会加重他的叛逆心理，造成不良的心理暗示。以暴制暴，更会导致小龙的麻木并加重其暴力倾向。

其次，重组家庭的复杂性。面对生父的缺位，小龙更需要家长和老师的理解、关心和重视。他的顽皮、打架、捣乱，是为了引起老师、家人、同学对他的注意，渴望自己处在被人尊重的位置。只不过，他选择了用不合适的方法来表现自己。

四 干预策略建议

第一，通过家访指导家长改变对小龙的教养方式，重构信任关系。家长应放下训斥和家庭暴力，以尊重、理解和接纳之心去关爱小龙，以表扬、鼓励和沟通来调整教养方式，也许会收到更好的效果。

比如在上述事件中，小龙渴望得到别人的尊重，只是需要小王捡起书本，并给予道歉而已。于是老师顺势引导，让两人各自找找有没有更好的处理办法。同时，小龙并不是故意去打人，只是控制不住自己的情绪，他想得到别人的尊重，打架背后还是有其正面动机的。有了上述分析，小龙和小王双方态度开始缓和下来，互相道了歉。一个动作，一声道歉，双方互换位置，引发自我反省，自己找到解决问题的方法。

在此次打架事件中，老师以理解和关怀的态度与小龙进行了沟通，让他感受到了老师的信任和尊重，感受到了老师是在真心帮助他。同时，老师与家长约定在家校联系本上，每周都必须写上小龙在家和在校某方面表现好的语言，渐渐地良好的亲子关系和师生信任关系开始重构起来。

第二，寻找教育的支点，激发内驱力。教育是爱的共鸣，是情感的互通，是心与心的交流。教育是智慧的体现，教师要全面了解学生的个性特点，善于运用艺术智慧的教育策略，寻找契机，让学生能始终保持积极主动的心态。

小龙渴望得到别人的尊重，渴望别人的认同。他想要证明自己的价值，却又找不到正确的途径。日常的学校生活中，老师应该用放大镜看他的优点，让他感受到老师对他的真诚与关心。

小龙在学习上不用功，在玩上却有使不完的劲，喜欢打乒乓球。老师可以安排乒乓球技术不错的同学与他结对，课余时间经常切磋球技，乒乓球技术提高了，自信心也会随之提高。老师还可以让小龙代表班级组队参加乒乓球比赛，逐渐融入集体的过程中，让同学们愿意和小龙一起玩，逐渐看到小龙的优点，肯定他，尊重他。

在生活中要善于发现学生身上的闪光点，并寻找契机，不断激发其身上的潜力，把闪光点转化成教育支点，从而引导学生用重塑自我的方法改变内在的自我认识。

真正的教育是心心相印的活动。唯独从心里发出来，才能走到心灵的深处。沟通、激励、扶持，这些教育行为无一不带着老师的欣赏眼光，从老师的心里出发，走进学生的心灵。

典型案例研究

青少年学生手机成瘾现状调查及成因分析

一 青少年学生手机成瘾现状

手机成瘾又称手机依赖、手机综合征、手机焦虑症，是基于某种动机过度地滥用手机而导致手机使用者的心理和社会功能明显受损的痴迷状态。手机成瘾具体包含以下三个方面：一是对手机的过度使用，在不恰当的地点和时间也频繁使用手机；二是手机使用影响到了个体的正常生活、工作和学习；三是当手机不在身边或停机时，个体的身体会出现一系列的不适反应，包括生理和心理反应。

本研究选取杭州市专门学校和普通学校共360名学生作为样本。其中，专门学校学生203名，占总人数的56.39%，普通学校学生157名，占总人数的43.61%；男生220名，占总人数的61.11%，女生140名，占总人数的38.89%；来自独生家庭的学生202名，占总人数的56.11%，来自非独生家庭的学生158名，占总人数的43.89%。

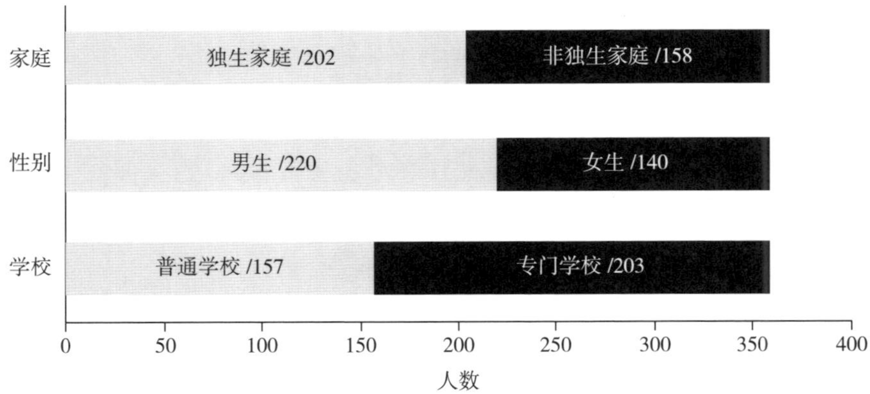

图 1　被试基本情况条形图

目前，学术界针对手机成瘾的测量仍没有统一的工具，根据杭州市青少年生活及学习现状，本研究采用国内学者熊婕编制的手机成瘾倾向问卷（MPATS），该问卷从“非常不符合”到“非常符合”采用 1—5 级计分，被调查者总得分 / 题数的数值高于 3 分即界定为手机成瘾者，得分越高，表明手机成瘾倾向越高。对收集的样本数据进行分析，我们发现，在 360 份有效问卷中，131 份问卷的得分高于 3 分，即有 131 名学生具有手机成瘾倾向，占总调查人数的 36.39%。其中，110 名学生来自专门学校，21 名学生来自普通学校。

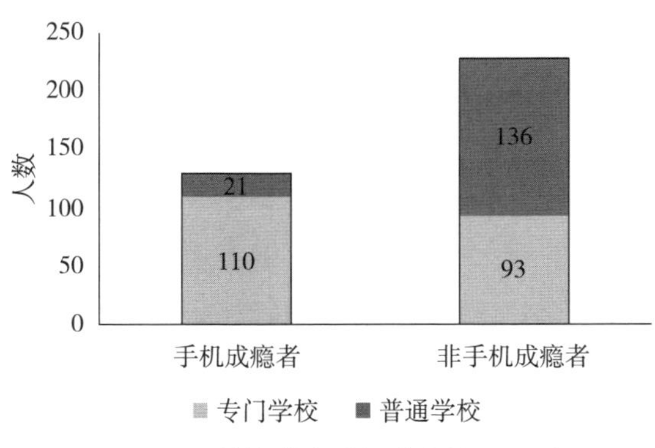

图 2　不同学校学生手机成瘾情况条形图

进一步使用 SPSS 软件对数据进行分析，具体结果可见表 1：

表 1　青少年学生手机成瘾情况比较表

	学校			性别			独生情况		
	专门（n=203）	普通（n=157）	t	男生（n=220）	女生（n=140）	t	独生（n=202）	非独生（n=158）	t
手机成瘾倾向	3.05 ± 0.73	2.00 ± 0.85	12.479***	2.64 ± 0.90	2.53 ± 0.99	1.110	2.39 ± 0.99	2.86 ± 0.80	−4.989***

注：*** 表示 $p<0.001$。

由表 1 可知，（1）专门学校学生和普通学校学生在手机成瘾倾向上的表现差异显著〔t（358）=12.479，$p<0.001$〕，专门学校手机成瘾人数显著高于普通学校手机成瘾人数。针对专门学校手机成瘾现象，我们还进行了分年级段分析，同样使用 SPSS 软件对初中部学生和高中部学生的问卷得分进行独立样本 t 检验，结果发现不同年级学生的手机成瘾倾向不存在显著差异〔t（201）=1.032，$p>0.05$〕，即专门学校学生在手机成瘾上的表现与他们所处年级是无关的。专门学校学生是一群家长管不了，学业能力偏低、心理偏常、行为习惯偏差或有轻微不良行为，且不适宜在普校就读的学生。他们对自我行为的约束能力不强，加之现实生活中可能遭遇到比普通学校学生更多的挫折，更容易形成对手机的依赖。专门学校手机成瘾现象比普通学校严重很多，这一结果也在意料之内，进一步说明手机成瘾与家庭教养方式、个体心理、学业能力、行为习惯成正相关。（2）不同性别学生之间的手机成瘾倾向不存在显著差异〔t（358）=1.110，$p>0.05$〕，说明男生和女生表现为手机成瘾者的人数是相似的，男生对手机成瘾可能更多表现在游戏上，而女生更多表现在网聊中。（3）独生子女和非独生子女在手机成瘾倾向上的表现差异显著〔t（358）=−4.989，$p<0.001$〕，非独生子女手机成瘾倾向显著高于独生子女手机成瘾倾向，这可能是因为独生子女能够接收到来自家庭的全部关爱和关注，而非独生子女需要与其兄弟姐妹分享来自父母的爱和精力，这一差异导致非独生子女倾向于通过手机找寻依赖感。

二 青少年学生手机成瘾原因分析

（一）个体自身原因

为了分析青少年学生手机成瘾的原因，我们调查了学生使用手机的用途，结果发现，青少年学生使用手机最多用于玩游戏，其次是聊天。这一答案，折射出了青少年学生使用手机背后的心理需求。

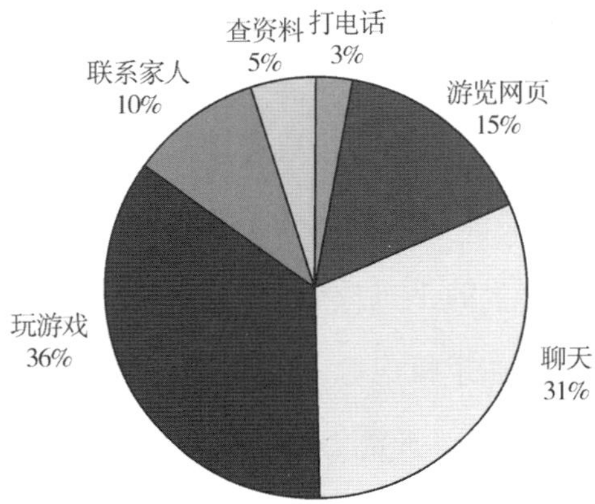

图3　青少年学生手机使用情况扇形图

（1）通过手机游戏寻求自我满足

从本研究结果也可以看出，专门学校的学生更有手机成瘾的倾向，这部分学生现实生活中的成绩并不好。评判青少年学生的一个重要指标就是他们的学业成绩，当一个学生成绩落后，依靠成绩并不能让他获得尊重、获得自我满足时，他就会在其他方面寻求自我满足。随着互联网时代的不断发展，简捷的智能手机游戏已经渗透到青少年学生的生活中，在学习中不能获得自我满足感的学生似乎找到了另一条实现自我的途径，当然这是一种假象。通过手机游戏的顺利闯关、层层升级，他们得到了一种成就感的满足，找到自己的价值和自我认同感，这种满足感和认同感，促使他们在游戏中投入更多的时间和精力，演变为手机成瘾行为。深究其中的原理，我们很难责怪一个学生将更多的精力投入在手机上，在学习或生活中受到挫折的这部分学生，他们也有着自我价值实现的强烈渴望，手机游戏只是恰好成了他们方便获取又乐于获取的途径之一。当他们有其他途径可以获取自我满足时，至少在手机游戏成瘾方面是可以得到改善的。学生的这一心理机制需要引起家庭、学校和老师的重视。

（2）通过手机聊天避免孤独感

许多研究发现，个体的孤独感越高，就越容易对手机产生依赖。每个人都害怕孤独，都希望和他人建立联系，这是个体的基本诉求，而手机作为一种社交工具，加强了人与人之间的联系。可以说，手机是目前最常用的社交工具。在我们的调查中，学生通过手机聊天的概率仅次于玩游戏，通过手机与他人交流的成本代价是很小的，青少年学生使用手机聊天，他们觉得没有压力，不必为自己的言行负责，一些在现实生活中难以启齿的话，通过手机屏幕可以很轻松地表达出来。特别是一部分性格内向、不善于交际，或者有自卑感、缺乏社交技巧而羞于表达自己的个体，他们在现实生活中的交往可能会遇到许多困难，而手机具有的匿名性、平等性、隐蔽性、安全性和有限的感官接触等特点，使得他们在网上社交很容易获得成功，取得情感联系。同时，青少年学生处于一个非常敏感的时期——青春期，这一时期，他们对异性有了别样的情愫，对异性情感有了强烈的渴望。通过手机，青少年学生可以非常容易地找到异性朋友交谈，给他们带来一种找到心灵寄托的错觉。

（3）通过手机寻求本我快感

精神分析理论认为，成瘾行为实质是一种追求本我、遵循享乐原则的现象。弗洛伊德认为人的人格是由本我、自我、超我三部分组成的。本我指人的本能和欲望，是原始的力量源泉，有即刻要求满足的冲动倾向。个体在一个漫长的理性进化过程中，都有追求快感和排除痛苦的本能，快感的获得就是得到希望得到的事物，从而产生一种愉快的感觉。青少年学生往往担负着来自学校、家庭和社会的压力，这种压力或多或少会令其感到痛苦，想要逃避现实。同时，青春期的学生自制能力弱，易冲动，他们的“超我”和“本我”处于激烈的矛盾中，稍不留意，学生的行为会倾向于遵循本我，即先追求享乐主义，例如，使用手机满足自己的愉悦感。笔者曾经询问过一些常玩手机的学生，问他们为什么总会控制不住玩手机，很多学生的回答是“因为在玩手机的过程中，我很开心”。学生一旦在玩手机中满足了愉悦感，他们就容易沉浸其中，与手机的联结情感越来越紧密。根据健康心理学的相关研究，类似手机成瘾这样的行为还会导致大脑中的多巴胺水平升高，进而产生快感，从而渴望更多，这是一个循环的机制。

（二）家庭原因

（1）父母教养方式对青少年学生手机成瘾的影响

家庭作为青少年学生成长的主要场所，家庭教养方式对青少年学生的行为有着重要影响。通过问卷，我们还调查了学生家长对待孩子使用手机的管理情况，以期了解家庭教养方式与学生手机成瘾之间的关系。结果非常惊人，66% 的家长针对孩子使用手机情况是不严格管制的（其中 25% 的家长随便孩子使用手机，41% 的家长偶尔管一下）。调查发现，仅 16% 的家长对孩子使用手机的管理情况是非常严格的。

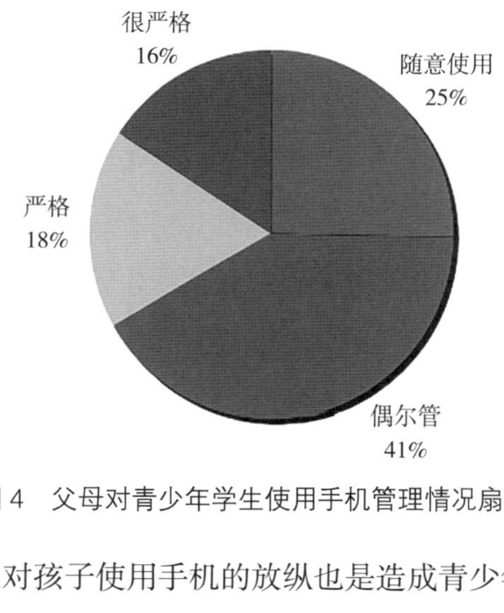

图 4　父母对青少年学生使用手机管理情况扇形图

由此可知，家长对孩子使用手机的放纵也是造成青少年手机成瘾的重要原因之一，这与王莉等人（2011）的调查结果相似。青少年学生对外界的新鲜事物很感兴趣，且自身的控制能力不强，在手机网络五彩缤纷的世界中，如果没有父母的监管，青少年学生很容易迷失方向，沉迷其中。

（2）家庭结构对青少年学生手机成瘾的影响

在手机成瘾发生率上，非独生子女手机成瘾倾向显著高于独生子女手机成瘾倾向。非独生子女更可能是手机成瘾者，其主要原因可能是非独生子女家庭的孩子有其特殊的心理健康问题。该类学生原生家庭有了二孩或者父母重组家庭有了二孩，导致出现亲情分散等问题，从而造成孩子性格相对比较孤僻、自卑，这严重阻碍、侵蚀着亲子之间的良性沟通与亲密情感，使得亲子间关系日渐疏远，甚至还可能导致孩子发展出冷酷、无情、暴躁、偏执等不良性格。不少家庭结构发生变化的孩子，在手机游戏的“毒害”之下，轻者不服从父母的管教，重者甚至大逆不道，对父母大打出手。所以在现实生活中，他们更希望隐匿真实身份下的人际交往，倾诉自己的内心世界，以期得到心灵上的慰藉。这符合手机交友的心理特征，所以更易使人深陷其中。

（三）学校原因

（1）学习压力对青少年学生手机成瘾的影响

随着社会的不断进步，教育逐渐引起了大家的重视，各学校之间为了争取更高的升学率，往往过分看重学习成绩，以成绩作为评判学生好差的重要指标，成绩优异的学生就是老师眼中的好孩子，而成绩落后的学生就是老师眼中的坏孩子。这种唯成绩论的单一评价体系给部分青少年学生带来了难以名状的学习压力，严重影响其身心健康发展。邱致燕等人（2016）的研究结果显示，学生感知到的压力可以直接预测手机成瘾，即学生感知到的学习压力越大，就越有可能具有手机成瘾倾向。这虽是针对大学生的调研，但仍对青少年学生有参考价值。这是因为当青少年学生感觉到学习压力时，会倾向于通过物质滥用、依赖、成瘾等消极方式排解，以便达到宣泄压力的目的，而手机本身具有的易得性、智能型、隐蔽性等特点成了青少年学生缓解压力的不二选择，长此以往，学生就会对手机上瘾。

（2）师生关系对青少年学生手机成瘾的影响

每个个体都生活在社会关系中，青少年学生每天至少需要待在学校 9—10 个小时，作为青少年学生最为亲密的社会关系之一，师生关系能够直接影响到青少年学生的行为。目前，已有许多研究证实社会支持和手机成瘾之间的关系，当个体获得的现实支持较低时，容易出现手机成瘾行为。依据依恋理论，青少年学生在校园生活中为得到外界的支持，会持续地侦查外在环境，如果他们在与老师相处过程中，没有得到安全感和满足感，即学校或老师没有给予他们足够的社会支持，其依恋系统就会促使个人寻求其他可能给予安全感的途径，就有可能求助于手机扩大自己社会支持的来源。在现实生活中，存在一部分老师端着架子，误以为老师高学生一等，不能给予学生起码的尊重和理解，和学生之间有距离感；还有一部分老师本着对学生好的初心，但言行举止过于粗鲁，没有顾及学生尊严，对其进行打骂等人格侮辱。这样的师生关系都不是和谐的师生关系，会推动青少年学生走向对手机的依赖。

三 改善青少年学生手机成瘾的建议

（一）改善自我认知调适系统

解决手机成瘾问题，需要青少年学生自身将生活的重心从手机上转移开，重新找到新的生活重心，发现生活的乐趣。首先，青少年学生可以自动自发地积极参与各项活动，例如体育运动、器乐、机器人、舞台剧表演等文体、科技、艺术类项目，在各项活动中开发自己的潜能，找到自己的兴趣，在活动中不断尝试发展和提高自己的社交技能，拓展自己的生活空间，努力建构自己的交际圈，在忙碌的生活中使自己远离手机。同时，青少年学生应积极参与社会各项公益活动，去帮助需要帮助的人，在公益活动中找到自己的价值，正视自己的价值。青少年学生一旦感知到自己是对社会有用的，自己是能够被需要的，他们就能够主动提升自我，避免成瘾。

其次，青少年学生需要提高自身对手机成瘾行为的认识，看到手机成瘾带来的负面后果。手机成瘾并不是短期的影响，而是长期的影响，要清楚地认识到手机游戏只能带来虚幻的成就感，手机网聊只能暂时避免孤独，而沉迷手机带来的危害却是长久的，因为手机成瘾而对自身发展造成的阻抗是不可逆的。只有不断提高自我意识，提升自我认知调适能力，才能从根源上解决手机成瘾问题。

（二）改善家庭教养支持方式

家庭对个体成长发展的重要性不言而喻，家长的言行举止以及他们对待孩子的教养方式都会影响到青少年学生对手机的使用。我们已经知道，父母对孩子手机行为的监管失责是导致青少年学生手机成瘾的主要原因之一：一部分家长忙于事业，认为给予孩子经济条件才是为他们好，对孩子成长过程中的言行举止关注度过少，往往当孩子沉迷手机无法自拔时才会引起重视；还有一部分家长自己就是手机成瘾者，在家中“机不离手”，如果家长在孩子面前花费大量时间和精力用于手机而忽视其他事情，那孩子亦会跟随模仿；另外一部分家长就是认为孩子已不成器，随之放任自流。因此，家庭支持系统才是预防青少年学生手机成瘾的主阵地。

首先，家长多注意孩子使用手机的情况，主要包括使用时间、地点、内容等，若孩子投入过多时间和精力在使用手机上，家长应及时提醒孩子理性使用手机，以便及时发现情况解决问题；并且家长需要以身作则，通过自身的态度和行为，向孩子展现正向的榜样作用，引导其学会分辨手机成瘾的危害，对手机使用形成正确的态度，和孩子一起成为手机的掌控者而非手机的被掌控者。特别是学龄前和低段的孩子尽量不要接触手机游戏。不少父母为了图一时清静，偶尔会把孩子丢给平板或手机游戏“照看”，而学龄前和低段的孩子认知尚未成熟，但接收信息非常快，一旦接触游戏，极易上瘾。因此，这个年龄段的孩子，只可以适当接触手机，如让孩子明白手机有拨打电话、拍照、拍视频等基本用途，但一定要远离手机游戏。家长最好不要安装游戏 App，可以多培养孩子的阅读习惯。

其次，家长应学会尊重孩子，与孩子平等地交流和沟通，营造一个和谐的家庭氛围。例如，有时间和孩子一起外出游玩、购物，每周抽时间和孩子聊聊天，了解孩子的内心世界，进而了解到孩子手机成瘾的深层心理原因；同时，父母也要了解孩子的兴趣、爱好，把在学校培养起来的兴趣再延伸支持，形成合力；了解他们的苦闷与压力等，多给孩子一些人生的指导，并一起探讨解决家庭难题的方法，让孩子形成一种责任意识，从而明确自己的生涯规划来调整其目标行为。

第三，笔者始终认为，问题事件始于关系，也终于关系。父母先要做到身正为范，有礼有节，尊重孩子，信任孩子，孩子才会信服父母。当孩子对父母不信任的时候，他就变成了一个“绝缘体”，拒绝接受父母任何的正面影响，这个时候哪怕父母把道理讲得唾沫横飞或规矩再严，孩子照样是无动于衷或变本加厉对着干，就像学者周濂说的：“你永远都无法叫醒一个装睡的人。”相反，当孩子充分信任父母之后，他就愿意配合父母去改变，哪怕父母的方法很简单，孩子依旧能够从中获得有效的成长信息。所以，我们做父母的必须摆正一个观念，对于纠正孩子的不良习惯而言，孩子对于父母的信任很重要，也是父母在亲子关系中立于不败之地的“情感资本”，教育都应该基于彼此良好的情感基础之上，家庭教育也不例外。

（三）改善学校育人支持系统

沉迷手机网络游戏的青少年学生常常会对运动锻炼表现出消极态度，导致运动能力低下。有专家表示，花费在手机上时间越多的青少年学生，就越不喜欢运动，患上抑郁症、人际交往障碍或间歇性狂躁症的概率就越高。本次调查发现，有 134 名学生已出现躯体化症状，占样本总数的 37.22%，比调查结果显示的有手机成瘾倾向人数的比例（36.39%）更高。由于青少年学生在学校中度过的时间较多，因此，从学校层面针对青少年学生手机成瘾现象进行干预是至关重要的一个环节。

首先，学校要正视学习压力对学生手机成瘾造成的影响，具体可以从两个层面进行操作。第一层面，学校要千方百计创造条件，充分发挥各类学生社团和选择性课程的优势。开展各项以思想、运动、娱乐、学术、艺术、科技等为基本内容的文化活动，以丰富多彩的校园生活给学生提供全面发展的平台。第二层面，开展多元评价体系。根据青少年学生核心素养内容，制定出学生个人发展多元评价的指标体系，在开展多元评价体系过程中，除了学习成绩，也要考虑到学生的品德素养、专业技能素养、身心素养、创新素养、审美素养等方面，以此来客观全面评价学生的发展。而目前尽管实行了学生综合素质评定，但占升学的权重几乎可以忽略不计。因此，通过多元评价体系，增加综合素养一定比例的升学权重，可适当地减轻学生的学习压力，从而全面促进学生的个性发展，有利于学生兴趣爱好的培养，也有利于学生自信心的培养，特别是为学业能力较差的学生搭建了更多的舞台，指明多条个体生涯发展的途径，让学生体验成功的快乐。

其次，学校要加强老师与学生之间的交流，构建良好的师生关系。青少年学生手机成瘾很大原因是缺乏社会支持、情感支持，老师作为教育者、管理者，是受学生尊敬的社会支持主体，可以成为学生最亲密的朋友。从教师角度出发，为学生输送情感支持是非常有效的教育措施，能够为青少年学生提供寄托感，减少其对手机的依赖。当前，政府出台禁止学生将电子产品带进校园的方案，这只是一种局部“医治”手段。改善手机成瘾最好的办法是从学生自身出发，帮助学生提高自我认知调适的能力，提高他们的自律意识。学校及教师要引导学生正确处理身边发生的各种问题，教给他们解决问题的方法和技巧，要引导学生自我成长，意识到自责、幻想、退避等不成熟的应对方式并不能从根源解决问题，使其自动自发地拒绝依赖手机。

（四）严控手机获得源头支持

很多家长和老师会把青少年学生手机成瘾归咎于自我控制力较差，笔者通过访谈则认为：学生对手机成瘾不完全是自控力的问题，而是压根就不想自控，主要还是由外界诱惑和个体情绪引起的。青少年学生正处于青春的叛逆期，什么事都喜欢和大人们对着干，而他们的思想也处于半成熟的阶段，对很多事物都有自己的看法，很多大道理他们都懂，也就是说，什么事情该做，什么事情不该做，其实他们心里都非常清楚，但就不会去辩证地思考自己的做法对不对。如果知道不该做，仍然要去做，这就不是自我控制力的问题了。就跟成人抽烟成瘾一样，明知对身体有害，还是每天恋恋不舍，但到了一定的吸烟严格管控区域，成人还是能控制，这说明在外界规则或压力之下，还是能做到。其实青少年学生也是如此，在本次问卷调查中可以看出，对手机监管比较严格的家庭，孩子手机成瘾的概率为“0”。因此，要想控制青少年学生手机成瘾，还得取决于外部规则和压力，即家庭对孩子使用手机的监管力度和学校对学生在校使用手机的规则制定。

四 总结

手机成瘾现象已经成了一种“现代病”，是孩子渴望被认可、追求成就感的一种非理性选择，是孩子精神长期压抑后的一种心理宣泄，是父母责任的缺失和对孩子生理、心理合理需要的疏忽造成的。

通过本研究可知，手机成瘾在青少年学生群体中的检出率非常高，特别是专门学校的学生，大部分学生具有手机成瘾的倾向，且手机成瘾现象并不存在年级差异和男女生差异。学业能力缺失的孩子容易通过游戏、聊天来满足自己在现实生活中缺失的那一部分，这对专门学校的教育提出了很大的挑战，同时，也给普校和家长敲响了警钟。本研究根据调查结果，对学生手机成瘾现象的成因进行了探析，并从个体、学校和家庭层面提出了一些建议，希望社会各层人士对手机成瘾现象引起重视，共同为青少年学生群体的健康成长保驾护航。

（程文财）

名人有话说

在语言交际中要善于找到一种分寸，使之既直爽又不失礼。这是最难又是最好的。——[英]弗兰西斯·培根

青年人应当不伤人，应当把各人所得的给予各人，应当避免虚伪与欺骗，应当显得恳挚悦人，这样学着去行正直。——[捷克]夸美纽斯

每个人最初所受教育的方向容易决定以后行为的性质，感召的力量是不小的。——[古希腊]柏拉图

人无善志，虽勇必伤。——〔西汉〕刘安

家庭教养篇

对孩子最大的伤害是忽视：忽视孩子的存在，忽视孩子的感受，忽视孩子的需求。在这样的忽视之下，孩子感受不到自己存在的价值，他们会认为：我不受欢迎，我不重要，我没有价值。离异家庭、重组家庭、“丧偶式”婚姻、冷漠型亲子关系等家庭中成长的孩子，无法建立起稳定的安全感，他们用生气、哭闹、吵架、猜疑、嫉妒的方式表达爱，造成的伤害伴随终生。当孩子感觉全世界都与其为敌的时候，他们内心崩塌，极易出现极端行为和严重心理问题。

多元化社会可以容纳各种形态的生存方式，但破裂的家庭不一定意味着家庭教育的完全失败，如果能让孩子们认识到父母是可以与自己共同面对各种问题的，是可以依靠的，那么家庭仍然会是孩子的安全港湾。父母是和孩子一起完成自我建构的主要人物，在孩子的成长中不应缺席。父母相亲相爱或者即使不爱仍然相互尊重、保持沟通，不但会让孩子更有安全感，而且还能让他们在这种相处模式中学会爱，并将这种爱传承下去。

危机案例分析

过度防御的小 M

一 个案基本情况

小 M，女，15 岁，某市城郊接合部居民（土地征用家庭），就读于某校八年级。父亲七十有余，初中学历，无职业；继母（即父亲老伴），高中学历，从事服务行业。

小 M 无原生家庭养育史，系其父在外的私生女，在出生后哺乳期和幼儿园期间，其母亲间断性抚养过一段时间。其在成长过程中，父母曾经相互推卸抚养责任，目前跟着父亲、继母及继母的女儿三口之家一起生活，父亲身体状况良好，不过疏于对孩子的教育和引导，与家庭成员关系亲密度极低。

（一）班级表现

学习方面，学习态度极不端正，学业水平较低；同伴交往方面，有校园欺凌现象发生（班级称霸，指使他人为其做事），有心机，会在暗地里使坏，煽动性、破坏性较强，同时有较重的社会不良习气，说谎成习惯，哪怕老师看到她做错事指出，也会表现出死不承认的态度。

生活事件及处理：一次很多同学和老师看到她把鸡蛋壳扔到地上，在老师指出时，小 M 先是说谎，后来大声顶撞，耍无赖。老师当时的处理是：不在同学面前和她争执，稍后请到教师办公室，指出其在众人看到事件经过的情况下还说谎话的行为，是为人处世极其不诚实的表现，教育她谎话连篇会失信于人，也会影响自己的健康成长，要求小 M 以文字的形式陈述此次事件经过，并作反思。

（二）课堂表现

成熟有主见，沉稳冷静，聪明，反应较快，但比较懒散，善于鼓动他人，但把自己保护得很好。

（三）案例点评

能适应学校生活，但对相关学习内容听不懂、跟不上；觉得自己的人际关系还行，没有和同伴发生过矛盾；很在意别人对自己的看法和评论，感觉每天活在别人的口中；想减肥（本人并不肥胖）；经常到周二还犯困（就读于住宿学校）；觉得为班级搞卫生很有成就感。

二 心理体检评估

（一）艾森克个性测验（耗时 00：04：35）

精神质（P）：古怪、孤僻，对同伴和动物缺乏感情，不关心他人，易攻击、仇视，即使对很亲近的人也如此，缺乏同情心和是非观念，爱钻牛角尖，形成的观念不易改变。（标准分 65）

内外向（E）：具有比较外向的性格特征，乐意与人讲话，且较一般人多，在人多的场合易兴奋，保持乐观的态度，喜欢探索而不冒险，下决心可以控制自己的情绪，回答问题较快，可以一个人做事但欠踏实。（标准分 60）

神经质（N）：表现为典型的情绪不稳定，对各种刺激的反应过于强烈，情绪被激发后很难在短时间内平静下来，极易焦虑、紧张、发脾气，强烈的情绪反

应影响其与同伴的交往，容易与人发生冲突，睡眠不安，容易出现各种身心问题。（标准分 90）

掩饰程度（L）：被试无任何掩饰倾向。（标准分 0）

（二）SCL-90 症状清单（耗时 00：04：25）

强迫症状（中度）：非常注重自身的仪表仪态，做事反复做的动作明显，注意力不易集中。

人际关系敏感（中度）：感情容易受伤，时常感到比不上他人，对别人讲话比较留心，常担心别人会议论自己，有时会感到别人不理解、不同情自己。

抑郁（中度）：容易一个人哭泣，感到受骗、中了别人的圈套，时常感到孤独、苦闷，过分担忧，对事物不感兴趣，对前途不抱希望。

敌对（中度）：容易烦恼和激动，不能很好地控制自己的脾气和情绪，时常会与人争论，有想破坏东西和伤害他人的冲动。

偏执（中度）：时常感到有人在监视或谈论自己，怀疑性明显，不轻易相信他人，常常感到别人想占自己的便宜，旁人对自己所做的业绩没有做出正确的评价。

精神病性（中度）：偶有幻听和想到死亡，经常难以入睡或睡眠不深，时常觉得旁人能知道自己的想法，即使和同伴在一起也感到孤独。

三 归因分析

首先，心理防御机制是个体对自身存在感、价值感、安全感、希望感的保护，心理防御是人与生俱来的本能，大多数人能遵从理性和逻辑的防御方式，从而走出困境，但仍有极少部分人属于高防御人群，即心理防御过于强大、单一、固执且缺乏柔韧度。小 M 身上就存在着明显的过度使用原始本能的方式来保护自己的现象，即小 M 习惯于通过否认自己做过的错事来逃避惩罚，试图通过这种方式来维持自己在别人心目中的形象；越来越多的谎言既使她失信于众人，也使得她逐渐习惯于否认自己的过错，产生了严重的认知偏差。

其次，小 M 同学过度自我防御的主要诱因来自家庭环境的不安全。小 M 从婴幼儿时期就缺乏应有的父母关爱，没能获得父母给予的最基本的信任，失去了建立安全依恋关系的可能。小 M 逐渐长大后，父母因为抚养问题而互相推卸责任，使得初识人事的小 M 形成了不信任和不安全的人际关系。进入青春期后，基于身世和家庭教养环境，为了在夹缝中能寻求更好的生存，小 M 只能通过自我认知的不断调适（通常表现出来的说谎、心机），来应对周围的世界。

再次，在归因方式方面，小 M 也存在着归因偏差。在小 M 的认知中，往往将消极的、负面的事件产生倾向于内部、稳定的归因，认为不好的事情都与自己有关，看到别人讨论，就会怀疑讨论对象是自己。作为初中阶段的青春期学生，小 M 与其他学生一样需要维护自己的青春期良好形象，想要独立和摆脱约束，因此，更会看重别人对自己的看法，害怕自己的身世和家庭环境被人发现、轻视、嘲讽，于是时常用怀疑的眼光来看待周遭的谈论，用蛮横无理、欺负弱小等不良社会习性来掩饰自己内心的脆弱，以达到保护自己的目的。

最后，在人格特质方面，小 M 还存在外向、易激怒、暴躁、情绪化等特质。小 M 婴幼儿时期的家庭教养模式是低情感、低控制的放任型，不断重复的模仿，使得小 M 渐渐形成了情感淡漠、自控力差、敏感多疑的特点，在犯错的情况下不会产生对应的情绪反应。小 M 的人格特质也使得她的人际交往和社会适应能力出现较大问题，甚至严重到产生班级霸凌的行为。

四 干预策略建议

第一，高防御性人格的人因为极度恐惧从而极度防御。辅导员应意识到小 M 通过防御在努力自救，试图不被伤害、不被否定。因此，辅导员应注意将自己的想法和思考真诚表达，通过开诚布公的沟通激发对方的信任感，从而建立良好的咨询关系。在最初几次的辅导中，可以告诉小 M，只是想听听最近发生的事，没有好坏或对错之分，只要小 M 能说出事件的完整经过便给予充分的肯定和鼓励，循序渐进地帮助小 M 在辅导员面前建立起较好的安全感，不再用谎言来否认自己的过错。

第二，改变小 M 的不合理信念。小 M 在人格特质上存在着敏感多疑、易激怒的特点，她的不合理信念常常导致人际冲突。辅导员可以利用小 M 仍然愿意为集体做事、值日完成得好等优点，帮助小 M 认识到积极的为人处世态度有助于形成积极的人际关系，说谎、猜疑以及班级霸凌行为反而不利于她与同伴正常交往，从而改变其对于一些事件的不合理信念。

第三，学会正确的归因方式。辅导员可以在一些导致小 M 与周围人产生人际冲突的事件发生后，及时帮助小 M 正确认识事件的来龙去脉，看清楚事件的根源究竟是内部的还是外部的、稳定的还是不稳定的、可控的还是不可控的。多次练习和强化，逐渐改变小 M 有偏差的认知方式，从而改变偏激和负面的想法。

第四，建立家庭支持。小 M 出现问题的主要原因是家庭因素，因此，获得小 M 家长的支持和关心，对小 M 来说同样是至关重要的。辅导员可以与家长耐心交流沟通，指导小 M 的父亲和继母多多给予关注，了解孩子的心理状态，看到孩子存在问题，能够及时与孩子就学校的表现进行沟通，让小 M 感受到来自家庭的温暖和关爱，从家人的陪伴中获得自尊和自信。例如，在和孩子一起做家务的过程中，可以和孩子聊聊自己感兴趣的活动，了解孩子的真实想法，更好地帮助孩子摆脱面临的问题。

第五，树立信心，消除猜疑。辅导员与班主任、科任老师应加强与小 M 的沟通，倾听她在生活中和学习上的烦恼和困难，研究小 M 在打扫卫生方面的兴趣来源，找到更多正强化行为的可能。对于小 M 能在感兴趣的事情上投入很多，在课堂上表现出反应快、思路敏捷等长处，也应给予更多的鼓励，让她从擅长的方面获得同学和老师的尊重与认同。同时，班主任还需要鼓励班级同学多与小 M 一起交流和学习，消除小 M 对同伴的猜疑。

危机案例分析

缺爱的“情感孤儿”

一 个案基本情况

小李，女，15 岁，父母学历均为大学，父亲是工人，母亲是导游，居住在某市城郊接合部。父母离异多年，并已各自重新组建家庭，母亲已移居厦门，育有一子。小李从小随父亲生活，父亲重新组建家庭后也生了一个儿子。目前，父亲经常出差，平时小李由继母负责照料日常生活。老师家访时据父亲表述，父女关系还可以，继母对女儿也很好，现场观察也比较符合父亲的描述。家访时父母也提到女儿从小有爱说谎的习惯，父亲希望女儿能改掉虚伪和说谎的毛病，成为一个品行端正的人。老师在跟小李亲生母亲联系的过程中发现，小李的母亲还是挺关心女儿的。

（一）班级表现

小李的学业水平处于班级中上，时常有帮同学代写作业或给抄作业的情况。在班级中没有关系比较亲密的同伴，日常生活学习中喜欢随意插入搭话。与其沟通时，发现小李对父母离异抱有怨恨心理，对父亲的态度十分排斥，对母亲的态度则较为矛盾，既盼望母亲多多联系，又恼恨母亲关心不够。

生活事件及处理：有次，母亲作为导游带团到本市，说顺便要来校看望女儿，小李兴奋了好几天，并在班级中炫耀，可是看到妈妈仅仅带了少许水果来学校后，小李明显不快，当面对妈妈各种嘲讽。事后，小李在跟老师交流谈话中提到，其实自己对妈妈离异时不肯带走她一直心怀怨恨，但自己也知道无法改变。小李还告诉老师，其实她一直对父亲和继母想要赶走她的行为表示很愤怒。

在小李愿意跟班主任诉说家庭困扰时，班主任能运用倾听技术听小李诉说烦恼，并劝慰小李试着与父母敞开心扉对话，把自己的愤怒和委屈说给父母知道，让父母有机会了解女儿的情绪感受，才能给予更多的关爱，要相信父母是爱自己的。老师也提出了如何改善自我的一些建议，比如话出口前先思考一下，想说的话是否合理，抑或是“沉默”……

（二）课堂表现

上课比较认真、内敛、专注，学业成绩较好，善于和女老师搭嘴，和男老师交流会比较被动，不主动与男老师沟通。

（三）自我反馈

自我评价：优点——乐观、积极向上、诚实；想完善的是——要主动和同学们交往。

两周时间，我已经跟全班可爱的小女生们打成一片；近一个月里，我已经深深地喜欢上了全班的女生和丰富充实的住宿生活；期中考试取得了不错的成绩，每天激动得睡不着；妈妈要来看我，好激动啊……

二 心理体检评估

（一）艾森克个性测验（耗时 00：04：14）

精神质（P）：提示被试都在正常范围内，人际关系较好。（标准分 50）

内外向（E）：典型外向特征，喜欢与人谈话，话多，喜欢人多的地方，回答问题迅速，情绪较难控制。（标准分 65）

神经质（N）：情绪相对稳定，能理性判断事物，不会感情用事，也不会过分紧张不安、焦虑，能控制好自己的情绪，容易将自己激动的情绪状态恢复正常。（标准分 55）

掩饰程度（L）：被试明显存在掩饰倾向，所回答的问题欠真实，很少袒露自己的内心体验，有时表现为高低不一。（标准分 60）

（二）SCL-90 症状清单（耗时 00：04：01）

强迫状态（中度）：做事必须慢、反复检查以保证做得正确。

人际关系敏感（中度）：感情容易受伤，时常感到比不上他人，对别人讲话比较留心，常担心别人会议论自己，有时会感到别人不理解、不同情自己。

抑郁（中度）：容易一个人哭泣，感到受骗、中了别人的圈套，时常感到孤独、苦闷，过分担忧，对事物不感兴趣，对前途不抱希望。

敌对（中度）：容易烦恼和激动，不能很好地控制自己的脾气和情绪，时常会与人争论，有想破坏东西和伤害他人的冲动。

偏执（中度）：时常感到有人在监视或谈论自己，怀疑性明显，不轻易相信他人，常常感到别人想占自己的便宜，旁人对自己所做的业绩没有做出正确的评价。

精神病性（轻度）：经常难以入睡或睡眠不深，时常觉得旁人会用异样的眼光看自己，即使和同伴在一起也感到孤独。

三 归因分析

首先，小李的父母各自另组家庭并有了同母异父、同父异母的两个弟弟，虽然跟女儿同住的父亲和继母已经尽其可能关爱小李，但与生活在其他城市的母亲长期分离还是让小李备尝孤独和缺爱的滋味，小李也因此不能和家人建立亲密关系和健康的信任关系，缺失了家庭方面的支持系统。因为缺少支持，小李长期处于“情感孤儿”状态，形成了高防御性的心理防御机制，势必会采用自我保护、自我安慰的人际交往模式与他人相处。老师和同学眼中小李爱撒谎的习惯，其实是小李在试图保护自己脆弱的自尊心，掩盖自己没有真正意义上的家庭的自卑感。小李的撒谎既有在意青春期形象的虚荣心理，也有对老师、同伴的讨好，更有对自己情感的维护，是一个“情感孤儿”本能的自我保护和心理防御。

其次，小李的归因方式也偏于自利式的归因偏差。由于成长过程中缺少对遇事如何认知的正确引领，加上需要用“自我扩张”来保护自己，小李慢慢形成一个观念：自己的作用很大，自己很重要。为了在别人心中留下好印象，小李会在同学面前炫耀母亲的好，会随意搭话显示自己的重要性，也会有在老师面前好好表现的强烈愿望，有时候还会通过说谎否认母亲的言行来引起母亲的注意，这些行为是小李归因偏差造成的。

最后，初中生自我意识发展迅速，孩子处于成熟和不成熟的矛盾状态。小李既渴望父母关爱，又怨恨父母的分开；非常盼望得到父母的关注，但鉴于父母各自另组家庭的现状，想到父母离婚对自己造成的伤害又很反感父母。这就是母亲来看望时，她内心高兴，表面却嘲讽母亲的原因。

四 干预策略建议

第一，家庭治疗，给予孩子完整的家庭支持。老师及时和父母联系，让父母知道孩子问题的根源所在，配合老师多肯定和信任孩子，通过各种方式让孩子明白：虽然父母离异，但并没有因此减少对她的关爱和支持。孩子在家时，父亲和继母要抽时间多陪伴孩子，夸奖孩子的优秀成绩，营造良好的家庭氛围，鼓励孩子和同学多多交往，提高孩子的自信心，让孩子能够勇敢表达真实想法。

第二，父母的榜样示范作用。不论是亲生母亲还是继母，与孩子相处都应该坦诚相待，注意到自己的一言一行都会影响孩子，不能认为孩子不懂事就隐瞒事情的真相。不如试试将离婚的真实原因告诉孩子，让孩子了解来龙去脉，减少孩子对父母的怨恨。

第三，通过阳性强化塑造良好品行。当孩子能够在老师的指导下进行反思或者意识到自己存在的问题时，要及时给予鼓励来阳性强化恰当的反应和行为，以此矫正孩子的不良行为，逐步培养起优良品德。可以采用代币制管理法，奖励增强信心，根据其学科特长，鼓励她报名担任课代表，及时表扬她对工作的负责态度，给予优秀课代表等称号。同时，告诉其父母对她的学习感到满意，使她感受到老师和父母对她的肯定，也让她认识到自己的努力是会被看到和肯定的。

第四，延迟满足和替代满足。在适当时候满足孩子合理的要求，在日常生活中父母和老师可以在孩子能够主动说出事实或者主动承担错误后给予适当的满足，并且指导小李学会抵制物质的诱惑，让她从学习和兴趣爱好等方面获得自信，获得心理需要的满足。

危机案例分析

“丢人现眼”的阿童

一 个案基本情况

阿童，女，15 岁，某市城郊接合部居民，低保家庭，父母均是初中学历，父亲以开专车为生，母亲打工卖服装；离异家庭，目前由父亲监护抚养，父亲现与一个阿姨同住，但未结婚。

阿童是母亲在未知其父亲已婚的情况下生下的，从小一直由外婆抚养，小学二年级时父亲与前妻离婚（育有一子），但仍未与其母亲成家，到五年级时才被父亲接回，生活并不是很开心，经常被父亲打，六年级时母亲去了外地打工，七年级时父亲找了一个阿姨。

亲子关系较差，在父亲眼里，女儿太不懂事，不给他倒茶递水，不愿和他沟通，经常和一群男男女女在外鬼混，不愿待在家里，认为女儿“丢人现眼”。父亲希望女儿乖巧懂事，能多陪陪他，懂得感恩等。

（一）班级表现

阿童遇事比较倔强，容易冲动和暴躁，有时比较敏感；说话比较冲，语言习惯较差，不懂得基本的语言沟通和尊重，脏话、骂人的话较多；经常顶撞老师，对自己所犯的错误进行狡辩；随意拿用他人物品，行为习惯较差；在班里有自己的小团体；在日记里表露过自杀的念头。

（二）课堂表现

上课态度较端正，学业水平处于班级中下；上课表现积极、认真，注重形象，希望得到老师的表扬；偶尔也会因同伴讲话影响课堂纪律，指责讲话的同学；外在形象管理与内心反差较大。

（三）自我反馈

和男朋友在一起快一年多了，喜欢男朋友照顾我。可是男朋友考进了“3+2”大专班，我觉得自己不够优秀，担心会失去他，又喜欢同班的男生郑某，觉得他很可爱。

上一年寒假春节期间，带男朋友去外婆家待了一周，外婆还给了男朋友一个红包，很开心，外婆和男朋友是我的精神支柱。

二 心理体检评估

（一）艾森克个性测验（耗时 00：04：23）

精神质（P）：提示被试古怪、孤僻、麻烦，对同伴和动物缺乏感情，不关心他人，攻击、仇视即使很亲近的人，缺乏同情心和是非观念，爱钻牛角尖，形成的观念不容易改变。（标准分 65）

内外向（E）：表现为典型的内向性格特征，喜欢安静，独自思考，爱看书，不喜欢接触较多的人，与人交往时保持一定的距离，生活、学习有规律，思考问

题严谨。做事情计划性强，考虑问题瞻前顾后，言语较少；对他人的话较敏感，行为孤僻，踏实可靠。（标准分 30）

神经质（N）：表现为典型的情绪不稳定，对各种刺激的反应都过于强烈，情绪被激发后很难在短时间内平静下来，极易焦虑、紧张、发脾气，强烈的情绪反应影响其与他人的交往，容易与人发生冲突，睡眠不安，容易出现各种身心问题。（标准分 95）

掩饰程度（L）：提示被试无任何掩饰倾向，所回答的问题真实可信，行为纯朴，言行一致，容易袒露自己的内心体验。（标准分 30）

（二）SCL-90 症状清单（耗时 00：04：30）

躯体化（重度）：躯体症状明显，如头痛、腰痛等加剧，情绪烦躁不安；浑身无力。

强迫症状（重度）：每天有 4—6 小时重复某些动作，影响日常生活学习，忘性大，不能集中注意力，不能摆脱头脑中不必要的想法，做事难以做出决定。

人际关系（重度）：很少与异性交往，感情非常容易受到伤害，常有自卑感，总感到比不上他人，在公共场合感到很不舒服。但对别人的评价非常在意，有时显得神经过敏，偶尔会表现出被动攻击，影响其人际关系，朋友较少。

抑郁（极重度）：总是过分担忧，感到自己没有什么价值，常有结束自己生命的念头，自觉精力下降严重，容易哭泣伤感，觉得异常苦闷、孤独。

焦虑（极重度）：常常无缘无故地感到恐惧，浑身发抖，感到坐立不安，不能安静，熟悉的东西变得很陌生，总有一种催促感。

敌对（极重度）：非常容易激怒，好与人争论，经常主动攻击他人，完全不能控制自己的情绪和行为。

恐怖（重度）：无法单独出门，害怕在陌生的公共场所独处，怕乘快速的交通工具，总是刻意回避使自己感到害怕的东西。

偏执（重度）：不信任别人，经常怀疑别人在监视自己，内心紧张、害怕，愤愤不平，有一些别人没有的想法或念头，影响正常的工作与生活。

精神病性（重度）：经常有幻听，觉得自己的思维被别人控制，别人能知道自己的思想意念，认为自己应该为自己的过失而受到惩罚。

三 归因分析

首先，父母错误的教育观念和教养方式。从小由外婆养大，由父亲养育时，更被母亲认为阿童是争夺父亲家产的棋子，未能从母亲处获得最基本的信任和关爱；父亲的教养方式更是粗暴，棍棒教育使得孩子丢失了来自家庭的安全感，也导致阿童从同伴和小团体中寻找“避风港”，而不愿意亲近和感恩父母。

其次，班杜拉提出观察学习对于学生的社会化过程也起着非常重要的作用。观察学习是通过观察他人所表现的行为及其结果进行的学习，而且通过强化可以形成固定的行为模式。显然，阿童通过观察父母的粗暴解决问题方式，在学校也以同样的方式对待同学和顶撞老师，在同学的妥协和老师的无可奈何之下，形成了不正确的负强化，也形成了习惯性的问题行为。

再次，自我效能感是指个体对于能够完成和胜任某件事的感觉。不论是结果效能还是过程效能，阿童都认为自己不能够取得理想的好成绩，觉得自己不够优秀、不够自信，甚至因此害怕失去男朋友，心生逃避的念头，通过喜欢新男友来掩饰自己的自卑感。

最后，社会支持系统不足。阿童内心非常希望得到认同和肯定，但是身边能给她温暖的只有外婆和男朋友，缺乏社会支持使她不够自信，担心失败和失去，不能很好地自我接纳，甚至出现结束生命的念头。

四 干预策略建议

第一，改变教养方式，家校合作共育。父母要积极主动联系老师，请教老师适当的养育方式，母亲应明白自己的角色在孩子成长过程中的重要性，在今后能够多陪伴孩子，和孩子多沟通，重视孩子的发展，给予孩子更多的关怀；父亲应更加耐心，观察发现孩子的优点，慢慢教给孩子与人交往的基本礼仪。

第二，心理老师应及时介入孩子的不良心理问题。虽然孩子仅仅是在日记中表露过自杀想法，但是也不容忽视，应该及时和阿童建立良好的辅导关系，签订不自杀契约，及时阻止和减少孩子的自杀自伤想法和行为。

第三，不要给孩子贴标签。家长不应该在外人面前说孩子“丢人现眼”，而应该在外人面前主动与别人打招呼，给孩子树立正确的榜样示范作用，鼓励孩子讲文明、懂礼貌；当孩子能够取得一定进步时，也应该给予一定的奖励，满足孩子的正当需求。

第四，鼓励和赞美让孩子更自信。老师可以在课堂上表扬孩子的良好表现，尤其是当孩子的学习成绩取得进步时，可以告诉家长孩子的进步，也建议家长多多赞美孩子，让孩子树立信心，取得更大进步。

第五，鼓励孩子与其他同学交往，扩大身边的支持系统。老师可以组织课间小游戏和活动让孩子与自己所在团体以外的同学交往。让孩子学会尊重他人，掌握正确的交往方式，认识到与其他人建立的美好友谊，感受到别人的关心和支持。这样也能帮助孩子增加自我接纳，体会到自我价值。

危机案例分析

我被父母“遗弃”了

一 个案基本情况

小邓，女，15 岁，某市城郊接合部居民，低保家庭，父母离异，由父亲监护，现随爷爷奶奶生活，爷爷和奶奶都在做环卫保洁工作。父亲初中学历，基本常年在外，不知所踪，母亲初中学历，已改嫁郊区并育有一子。父母教养基本缺失，跟奶奶关系比较亲密，和爷爷经常发生争执。曾有一次出走经历，现奶奶管得较紧，家里没有网络，使用老年手机无法上网，圈子较小，周末基本在家。

（一）班级表现

列队动作缓慢、磨叽，领队让其排到队伍最后就开始骂脏话；吃饭跟同学发生冲突，当场就把雨伞架折断，把雨伞面戳得稀烂；有同学拿她开玩笑或看她一眼，就会发脾气、骂人、用硬物划手臂；经常带尖锐物品进校；不能接受老师和同学的批评与提醒，有强烈反抗意识；只要有不称心的事，就会开始骂人、撕纸、扔东西或自残；在班级中没有要好的同伴。

生活事件及处理：一次学校活动结束，班级其他同学都已回班准备整队去就餐，而她还慢吞吞地逛回来，并慢条斯理地拿餐具，惹得其他同学情绪烦躁之下说了比较难听的话，在老师再三催促下，小邓就开始摔凳子飙脏话，就餐回班后独自在宿舍用硬物将自己手臂划出一条条血迹。

一方面为了避免小邓再次与同伴之间发生冲突，另一方面为了稳定班级其他同学的情绪，班主任叮嘱其他同学不需要去关注小邓的状态，让老师来处理。随后，班主任找小邓谈话，缓解其情绪，引导小邓明白正确的情绪宣泄方式和途径，教育小邓要保护好自己的身体，监督她按时服药。老师还和小邓奶奶取得沟通，让奶奶帮助小邓在冷静之后以书面的形式反思自己的行为是否恰当，并提出合理的解决方法。

（二）课堂表现

上课经常看课外书、拼图，沉浸在自己的世界里，做作业拖拉，经常不完成；老师在课堂上指出其问题时，会骂脏话、发脾气、撕课本作业本等；喜欢上语文、美术、计算机课，上此类课时表现相对较好；有时会因老师没点名让她回答问题而发脾气或与其他同学发生口角。

（三）案例点评

从未谈及过学校的人和事，持回避态度，偶尔会分享看过的小说，称外面有很多“兄弟”，也经常会有很多人送她礼物。答应某个男生恋爱，经常会想他，并约定找不到对方的时候，就去约定好的最高的地方等，时常梦见找不到他了，然后留下一句：“我走了，请别再来找我。”这段时间好无助，有时候很迷茫，到底为什么在一起，又到底为什么会分手？忘记一段感情最好的办法就是新欢和时间。这段时间因为一些事喝了酒，而且喝很多，还是白酒，以为喝醉了就能忘记那些事了，但清醒后，反而记得更清。快过年了，不知道爸爸回不回来过年，不知道要不要去妈妈那儿，小宇（同母异父的弟弟）又重了，抱了一会儿抱不动了。

二 心理体检评估（来自院方）

初一（上）主诉——自幼不听指令，行为随意，注意力不集中，学习困难，理解能力差，动作慢，协调性差，表达能力差，行为乱并伴有对抗性，与同伴关系较差。早产，生长发育一般，走路迟。

医院诊断为：智力中下，发育障碍，多动性障碍。遵医嘱服药。同年 12 月复诊就医诊断，配药同上。

初一（下）主诉——药物疗效不显，除上述外，现与人互动时仍频频因故发脾气、握拳头、用刀划手腕。

量表评估为：基本正常稳定，SCL-90 症状筛查敌对 2，遵医嘱服药。

初二（下）主诉——服药后，感觉同学都在招惹自己、排斥自己，所以脾气暴躁，就要骂人，易跟同学吵架；有时感觉要疯了，所以用小刀划自己手臂；动作慢，老师同学指责，不让其辩解就易生气。

就诊评估：感知觉思维内容正常，安静且情绪平稳，意识清，对答切题，发音清晰。遵医嘱服药。

一月后复诊，主诉基本同上，就诊时意识清，能合作。

量表评估：SDS 抑郁 48；SAS 焦虑 44；EPQ 比较喜欢一些兴奋和刺激的事，情绪易失控；SCL-90 得分 131- 敌对 2——存在腻烦的感觉，摔物，争论直到不可控的脾气爆发；瑞文 IQ88 中下。遵医嘱服药，随诊。

初三（上）主诉——基本同上，受到同伴和老师指出其问题时，出现莫名紧张、握拳头、撕纸或书本，用尖锐物划自己手臂。

量表评估为：EPQ——典型冲动，情绪易失控，倾向性进攻；神经质典型不稳定，焦虑、紧张、易怒、抑郁，伴有各种身心障碍，情绪过分，对各种刺激的反应过于强烈，情绪又很难平复下来，易走上危险道路。概括地说，即易紧张、好抱偏见，以至错误发生。SCL-90 症状——被试明显存在一些明知没有必要，但又无法摆脱的无意义的思想、冲动和行为；敌对可能，存在腻烦的感觉，摔物，争论直到不可控制的脾气爆发等表现。抑郁情绪自我检视表——测验结果为12（参考值范围0—5），重度，已持续较长时间的抑郁情绪，甚至觉得步伐和肩膀很沉重，常常担心很多事，很焦虑。遵医嘱服药，随诊。

三 归因分析

首先，家庭教养环境缺失。第一，父母离异，对小邓关心不够，爷爷奶奶年岁已高，对小邓来说，她会担心很多事，看到的事情和要思考的事情会比同龄人多，比如怎么维持好和爸爸妈妈的关系等。第二，父亲常年在外，母亲也已组成新的家庭。父母对小邓的陪伴不够，使得小邓没有安全感和归属感。在爷爷奶奶家中，因为没有一个正面引导她的人，也没有一个能震慑她的人，所以和爷爷经常发生争执且不能有效解决。第三，家庭的社会经济地位较低，爷爷奶奶均为社会底层工作者，对小邓的自尊水平会产生影响。

其次，个体人际交往和情绪管理能力欠缺。受到家庭环境的影响，小邓在班级里没有一个较好的朋友。具体表现为：一是自尊心过强，同学的玩笑和老师的指责会让她忍不住发脾气，形成恶性循环。二是人际关系差，在学校里没有好朋友，缺乏社会支持系统，因此容易结交一些社会上的朋友。三是处于青春期，情绪波动大，个性冲动，容易偏激，遇到不称心的事情时，会立刻骂人、发脾气。

最后，存在不合理信念。不合理信念是指个体内心不现实的、不合逻辑的、站不住脚的想法和认识。当同学们开小邓玩笑的时候，或者仅仅是对她笑了一下，她就会觉得同学们是在嘲笑她或者看不起她，这是她的不合理信念所导致的。

四 干预策略建议

第一，调整不合理信念。小邓的自尊心比较强，会在意他人的看法，同学对她开玩笑或者只是看了她一眼，就会让她觉得自己被针对了，老师当众指责她会让她更想发脾气。在教育过程中，应让小邓找到合理宣泄情绪的方式，冷静下来之后，反思整个过程中对于别人怎么看待自己是否存在错误的认知，站在对方的角度理解冲突发生的过程，反思自己处理冲突的方式。

第二，建立社会支持系统。当小邓改正自己的错误后，老师应及时给予表扬，帮助小邓改善与同学的关系。老师还应鼓励小邓多参与集体活动，多帮助同学。

第三，正向引导，悦纳自己。小邓有个良好的习惯是阅读课外书，在保证上课认真听讲和作业正常完成的情况下，应鼓励小邓继续保持这一有益的兴趣爱好。在阅读过程中，小邓可以体会到不同的人生，接受各种思考，同时，阅读也可以作为一种调节情绪的方式。老师可以结合她和家人、同学以及老师的相处模式，推荐一些人际交往方面的书籍，帮助小邓感悟、探索人际交往的技能技巧。

第四，行为疗法，减少爆发频率。制作情绪控制表，列出情绪产生的原因、自己的解释、合理认知、应对措施。慢慢减少发脾气的次数，从刚开始的一个月三次到一个月一次，最后能控制自己的脾气，与老师和同学友好相处。

第五，呼唤家长，减少伤害。面对父母的离异，小邓需要知道的是虽然父母的婚姻关系走到了尽头，但是爸爸妈妈对她的爱还在继续。与家长取得联系，建议父亲常回家和孩子聊聊天，了解她在学校的情况，承担起做父亲的责任。

危机案例分析

无法自控的小刘

一 个案基本情况

小刘，男，15岁，外来务工子女，离异家庭，由父亲监护抚养。父亲重组家庭后，小刘跟父亲和继母一起生活，暂租住在某市城郊接合部农居房。父亲小学学历，从事车辆货运工作，继母初中学历，从事服务工作。父亲由于经常要外出跑运输，常常不在家，但平时在家的时候对小刘还是管得比较多，也较为严厉，期望值也很高，孩子对此非常抗拒但又无法反抗。父亲不在家的时候，小刘常对继母有反叛性语言和行为；父亲在家的时候，小刘会比较收敛。在家懒散，除了玩游戏、看电视，几乎啥事不干，放学后经常在外玩一会儿再回家。

（一）班级表现

在校基本能保持稳定，但有时会莫名其妙出现异常举动，比如大哭、大笑等，无法有效控制自己的情绪；同伴关系较差，没有比较要好的同学。看到同学打架，会很幸灾乐祸，觉得很解气，自述周末在外有打架行为发生，对自己内务和责任包干任务做得比较随意，基本不能达标。

（二）课堂表现

上课容易走神，始终无法集中注意力；经常自己一个人讲废话，有时会和周围的同学乱扯；不会主动参与课堂的小组研讨活动，需要老师不断提醒后才会集中注意力听一会儿课；平时学习态度不端正，作业基本是抄袭或不做。

（三）自我反馈

在学校的时候，班级几个同学老是要欺负我，对某个同学心里很不爽。知道父亲周末不在家，就想着出去玩。希望得到家长和老师的肯定，希望同学能看到我好的一面。

二 心理体检评估

（一）艾森克个性测验（耗时 00：04：41）

精神质（P）：提示被试古怪、孤僻、麻烦，对同伴缺乏感情，不关心他人，仇视他人（即使亲近的人），缺乏同情心和是非观念，爱钻牛角尖。（标准分 85）

内外向（E）：属于中间性格特征。（标准分 45）

神经质（N）：表现为典型的情绪不稳定，对各种刺激反应过于强烈，极易焦虑、紧张、发脾气，睡眠不安，容易出现各种身心问题。（标准分 70）

掩饰程度（L）：提示被试无掩饰倾向。（标准分 40）

（二）SCL-90 症状清单（耗时 00：04：21）

躯体化（中度）：经常有头晕、头痛、心慌、疲乏、虚弱等身体不适的感觉。

强迫症状（中度）：经常注意力不能集中，头脑一片空白，难以完成所做事情。

人际关系（轻度）：感到自己比不上他人，不被人喜欢。

抑郁（轻度）：偶尔会感到精力下降以及感到孤独、苦闷，感到事情比以前难做。

焦虑（中度）：有时会感到心神不宁、有紧张感；有时会很无助、很抓狂。

敌对（中度）：有时会烦恼和激动，不能控制自己的脾气和情绪，有想摔东西或打人的冲动。

偏执（中度）：怀疑性很明显，不轻易相信他人，常感到别人想占自己的便宜。

精神病性（中度）：经常有幻听、幻想，感到别人想伤害自己，感到自己的身体有严重的问题，感觉很孤单。

三 归因分析

小刘无法与同学建立友谊，无法控制自己的情绪，注意力也容易分散。主要有以下原因：

首先，小刘存在严重的注意力不集中和有时无法自控的情绪失控，大叫大哭，疑似有注意力缺陷及情绪障碍的共患问题，需要做进一步医学诊断和澄清。如有这类广泛性发育问题存在，需要得到班级、老师、同伴的更多包容。

其次，缺少人际交往的能力。自我决定论认为人类天生有三种基本需求：关系需求，即有良好的人际关系，得到别人的爱与尊敬；能力需求，即有独特的本领、技能，为他人带去独特价值；自主需求，即有自主选择的权利，能做自己想做的事情。小刘在家中被剥夺了自主需求，父亲管得较严格并且期望也很高，在学校中处理不好人际关系，与同学的关系较差，心里又希望得到同学的肯定和关心，没有归属感。

最后，青春期激素分泌，容易出现叛逆的语言和行为。小刘父亲常常不在家，且管得较严格，产生的反抗情绪得不到及时疏解，自己的情绪也不知道以何种方式表达和缓解。

四 干预策略建议

第一，接纳、倾听。尽量无条件支持与鼓励，相信每一个人都有“自我实现”的动机，也相信每个人都有发展自己的能力。小刘内心深处需要的是他人的认可，如果他能有机会表达生活中引发负性情绪的事情，家长、老师只要耐心倾听，表达理解和关心，就会对小刘有很大的助力。

第二，合理情绪疗法。合理情绪疗法基于一个前提：每当我们心烦意乱的时候，并非我们生活中的事情本身困扰所致，而是由我们持有的一些导致抑郁等不良情绪的信念导致，即困扰人的不是事情本身，而是我们的看法。老师可以帮助小刘觉察自己的想法，进而调整自己的情绪，在日常生活中学会控制自己的情绪。

第三，团体辅导与个体辅导结合。开展以人际交往为主题的团体辅导，通过辅导可以增强班级成员的人际沟通能力，改善他们与别人交往的方式，懂得如何与他人相处得更愉快。同时开展个体辅导，鼓励小刘与老师交流自己被欺负的情况，提高责任和团体意识，在这个过程中，运用焦点解决问题的方法，找到一些例外的情况，通过赞赏来强化正确的行为。

第四，加强家校合作。在学校里，教师可以通过及时表扬来提高小刘的学习兴趣，家庭也要配合，父母应意识到管得太多有时候会适得其反，同时也可以引导小刘站在父母的角度观察一下，用积极的意义去理解父母的期望和善意，抱着宽容的态度去理解父母，以减少彼此的冲突。除此之外，向家长介绍一些心理健康教育的知识，首先让父母降低对孩子的要求，多从孩子的角度考虑，给予理解，多肯定孩子的长处和优点。另外，孩子也需要多理解父母，在家中主动承担一些家务活，分担父母的压力。

第五，明确学习态度和方法。要解决问题就要先分析问题，寻找到原因，才能够“对症下药”。明确学习态度，小刘上课走神可能是因为对老师讲的内容不感兴趣或者被其他同学所打扰，不论是内部因素还是外部因素，小刘都要善于分析与反思。老师也要及时了解情况并做适时的调整，小刘进步的时候通过及时表扬的方式来培养外部动机，激发小刘的学习兴趣。

危机案例分析

迷茫的小鹏

一 个案基本情况

小鹏，男，15 岁。父亲小学学历，个体私企业主；母亲小学学历，离异后在娘家附近打工；继母初中学历，是父亲小学同学。小鹏家庭属于重组家庭，从小跟爷爷奶奶生活。在家时很贪玩，很少做家务活。如果玩手机的要求被满足，家庭表面上就会看起来和谐，但实际沟通很少。亲子关系一般，有矛盾时会去亲妈那里，跟亲妈沟通较多。父母都期望他能考上大学。

生活事件：在小鹏读幼儿园时，父母离婚，到小学五年级时复婚，六年级时父母又离婚，之后各自组建家庭。父亲与继母结合后育有一同父异母的小妹妹，母亲再婚后未生育。

（一）班级表现

同学关系一般，偶尔会管不住嘴与同学发生争吵，甚至动手攻击，情绪易冲动；平时喜欢和一些表现相对较差的同学玩在一起，有带烟进入校园的现象；与老师关系一般，有不服老师管理的现象发生，甚至向老师口出脏话；课后休息喜欢吃零食，喜欢与同学打闹，没有固定的兴趣爱好。

生活事件及处理：有带烟进入校园的行为；平时与同学相处，容易冲动，有几次因发生口角而动手攻击同学。以班级批评教育为主。

（二）课堂表现

学习态度一般，上课偶尔有睡觉、讲话或打闹等情况发生，需要老师不断提醒；思维灵活，课堂比较活跃，成绩尚可。

（三）自我反馈

最近状态还可以，想当画家。

二 心理体检评估

（一）艾森克个性测验（耗时 00：05：29）

精神质（P）：提示被试古怪、孤僻、麻烦，对同伴和动物缺乏感情，不关心他人，攻击、仇视即使是很亲近的人，缺乏同情心和是非观念，爱钻牛角尖，形成的观念不容易改变。（标准分 75）

内外向（E）：表现为比较外向的性格特征，平时乐意与人讲话，讲话较一般人为多，在人多的场合时比较兴奋，保持较乐观的态度，喜欢探索而不冒险，下决心可以控制自己的情绪，回答问题较快，可以一个人做事情但欠踏实。（标准分 60）

神经质（N）：表现为典型的情绪不稳定，对各种刺激的反应都过于强烈，情绪被激发后很难在短时间内平静下来，极易焦虑、紧张、发脾气，强烈的情绪反应影响其与他人的交往，容易与人发生冲突，睡眠不安，容易出现各种身心问题。（标准分 80）

掩饰程度（L）：提示被试无任何掩饰倾向，所回答的问题真实可信，行为纯朴，言行一致，容易袒露自己的内心体验。（标准分 25）

（二）SCL–90 症状清单（耗时 00：03：17）

躯体化（中度）：经常有头晕、头痛、恶心、胃部不适、心慌、胸闷、疲乏、虚弱等躯体不适的感觉。

强迫症状（中度）：反复做的动作明显增多，一天中有几个时段忘性大，注意力不能集中，头脑一片空白，难以做出决定，难以完成所做事情。

人际关系（中度）：对别人讲话比较留心，常担心别人会议论自己，有时会感到别人不理解、不同情自己。

抑郁（轻度）：偶尔会感到精力下降以及感到孤独、苦闷。感到事情比以前难做。

焦虑（中度）：常无缘无故地感到害怕，心跳得很厉害，觉得所熟悉的环境都变得陌生，但过一会儿会有所缓解。

敌对（中度）：有时会烦恼和激动，不能很好地控制自己的脾气和情绪，会与人争论，有想破坏东西的冲动。

恐怖（中度）：不敢在黑暗中独处，怕单独出门。因为害怕，会刻意回避某些事物。

偏执（中度）：怀疑性明显，不轻易相信他人，常感到别人想占自己的便宜，对自己的成绩没有做出正确的评价。

精神病性（中度）：经常有幻听，感到别人能控制自己的思想，感到自己的身体有严重问题，感觉孤单。

（三）生活事件心境筛查

近几周，有几天做事提不起兴趣，有几天感到心情低落、沮丧或绝望，有一半以上的时间有不如死掉或用某种方式伤害自己的念头。

三 归因分析

首先，家庭关系复杂，父母离婚之后皆重组家庭，从小经历父母感情的变化，缺少归属感。从小和爷爷奶奶生活，与父亲的沟通较少，内心没有得到足够的爱，加上父母的学历较低，也没有及时地给予他习惯性格方面的教育。

其次，处于青春期，是少年从幼稚走向成熟的阶段，心理发展具有半成熟、半幼稚的过渡阶段，心理发展不稳定，受激素分泌的影响，情绪起伏较大，情绪的自我控制和调节能力较差。

再次，个体课余生活比较单一，兴趣爱好狭窄，找不到学习的兴趣和目标，也是心情低落的一个重要原因。

最后，由于缺少归属感，在和表现较差的同学的交往过程中，获得了认可和尊重，于是染上了带烟、抽烟等不良行为。

四 干预策略建议

第一，结合家庭教育。与家长取得联系，通过家访、电话联系等方式，了解家庭状况，与其父母交流，请他们以孩子发展为重。尽管两个人的婚姻感情破裂，但还是应该尽到照顾教育下一代的责任，不仅仅要负担生活费，还要给予足够的爱、关心和支持。

第二，情绪调节的辅导。了解他情绪易冲动的原因，有可能是和某种心理需求有关。适当地给予辅导，可以是呼吸放松法，可以是正念，也可以通过角色扮演法、叙事法辅导其学会换位思考，正确表达愤怒情绪，学会宽恕。

第三，家长的一封信。由于平时和父亲的沟通较少，他并不能直接地感受到来自父亲的爱。对含蓄的父亲来说，写信是个很好的表达途径，当他感受到家庭的爱的时候，或许就能提高改变自己的动机。

第四，培养兴趣爱好。抓住他想成为画家这一目标，鼓励他在不影响学业完成的情况下学习画画，或许在画画的过程中可以得到成就感，这样也能转移他的注意力。

第五，给予爱和关心。可以感受到他的内心是需要关心和照顾的，不可采取忽视、批评等方式。

危机案例分析

“上梁”不正“下梁”歪

一 个案基本情况

小欣，女，15 岁。完整家庭，父母为初中学历，有一家规模不小的食品加工厂，从小由母亲带大，母女关系较亲密，父亲家族重男轻女思想严重，有一弟弟 11 岁。父母对小欣期望较高，从小学拉丁舞并参加比赛。

生活事件：在小欣读七年级的时候，父亲厂子开大，开始有点飘，在外有了别的女人，谎称跑业务不着家，也不关心女儿。母亲脾气暴躁，管得太多，也外出寻找过父亲，但未果。母亲不顺心的时候就会冲她发火、砸东西。父母一直在相互抱怨、吵架、闹离婚，导致小欣受到伤害，经常离家、夜不归宿，在社会上结交不三不四的男青年，还经常撒谎。

（一）班级表现

小欣在校师生关系、同伴关系较好，比较乖巧、聪明，喜欢唱歌、跳舞，只是对班级日常事务比较懈怠，有时情绪会很低落，有自残情况发生。

（二）课堂表现

在课堂上能认真听讲，接受能力较强，和老师互动较积极，受情绪影响偶有不听和作业拖拉等现象发生。

（三）自我反馈

父母关系比较复杂，会影响到我的情绪。父母双方都会向我倾诉，特别是妈妈，劝说多了也没用，我已经不想听他们再讲了，难过的时候会在自己手臂上割。自从记事起，父亲经常对母亲拳打脚踢，有时候打得鼻青脸肿。奶奶和父亲都重男轻女，对弟弟很宠。有时希望父母两人在一起，有时希望他们早点离婚。想做自己，为了放松经常去酒吧，认识了很多社会青年做朋友。有时为了压制父亲和奶奶，拆穿父亲的谎言、顶撞奶奶。现在和同学关系处不好、烦闷的时候，都会割自己手腕，但只是想发泄一下而已。

二 心理体检评估

（一）艾森克个性测验（耗时 00：05：05）

精神质（P）：提示被试的精神质在正常范围内，能与其他人正常交往，无明显固执、古怪、麻烦等表现，能善待其他人和小动物，会关心他人，表现出一定的同情心和人道主义精神，人际关系较好。（标准分 50）

内外向（E）：表现为比较内向的性格特征，尽量给自己一个安静的环境，可以与小伙伴进行交往，但主动性较差，做事情三思而行，尽量不到热闹的场合中去，不喜欢抛头露面，比较踏实，给人以可靠印象。（标准分 40）

神经质（N）：表现为典型的情绪不稳定，对各种刺激的反应都过于强烈，情绪激发后很难在短时间内平静下来，极易焦虑、紧张、发脾气，强烈的情绪反应影响其与他人的交往，容易与人发生冲突，睡眠不安，容易出现各种身心问题。（标准分 90）

掩饰程度（L）：提示被试无任何掩饰倾向，所回答的问题真实可信，行为纯朴，言行一致，容易袒露自己的内心体验。（标准分 5）

（二）SCL-90 症状清单（耗时 00：04：49）

躯体化（中度）：经常有头晕、头痛、恶心、胃部不适、心慌、胸闷、疲乏、虚弱等躯体不适的感觉。

强迫症状（重度）：每天有 4—6 小时重复某些动作，影响日常生活学习，忘性大，不能集中注意力，不能摆脱头脑中不必要的想法，做事难以做出决定。

人际关系（中度）：对别人讲话比较留心，常担心别人会议论自己，有时会感到别人不理解、不同情自己。

抑郁（重度）：经常责怪自己，感到任何事情都很难做，容易伤感哭泣，对异性的兴趣减退，感到非常孤独。

焦虑（中度）：常无缘无故地感到害怕，心跳得很厉害，觉得所熟悉的环境都变得陌生，但过一会儿会有所缓解。

敌对（中度）：有时会烦恼和激动，不能很好地控制自己的脾气和情绪，会与人争论，有想破坏东西的冲动。

恐怖（中度）：不敢在黑暗中独处，怕单独出门。因为害怕，会刻意回避某些事物。

偏执（重度）：不信任别人，经常怀疑别人在监视自己，内心紧张、害怕，愤愤不平，有一些别人没有的想法或念头，影响正常的工作与生活。

精神病性（中度）：经常有幻听，感到别人能控制自己的思想，感到自己的身体有严重问题，感觉孤单。

（三）生活事件心境筛查

几乎天天觉得自己很糟糕或觉得自己很失败，或让自己、家人失望；有一半的时间有不如死掉或用某种方式伤害自己的念头。

三 归因分析

首先，家庭因素。小欣家族重男轻女的情况严重。因为有弟弟的存在，一直以来遭受着父亲家族不公平的待遇，却无处抒发，对于父亲家族的矛盾情感的长期压抑，容易出现心理问题。且父亲长期对母亲有家暴行为，导致小欣可能会模仿学习而产生攻击性行为。同样，小欣在家族长期受忽视，小欣企图通过叛逆行为受到家里的关注。

其次，突发生活事件。小欣从小与母亲亲近，父亲出轨导致母亲受到伤害且将情绪发泄到该生身上，小欣感知到母亲的支持感下降，同时加重了对父亲的怨念，社会支持是影响心理健康的重要因素，与母亲关系的变化可能会导致小欣出现叛逆行为。

再次，个人主观因素。根据埃里克森人格发展八阶段理论，小欣目前处于青春期阶段，面临着自我同一性和角色混乱的冲突。青春期个体本身情绪变化不稳定，有明显两极化的特点，同时青春期独立自主意识的萌芽发展，导致该生出现一些叛逆行为，例如顶撞长辈，以此来满足自己对事情的控制感。

最后，人格因素。小欣本身比较内向且情绪不稳定，容易出现焦虑、不安的情绪，同时有一些偏执、强迫的想法，加上家庭关系的影响，现实情况的刺激，更容易产生心理问题。

四 干预策略建议

第一，采用无条件积极关注的方式，让小欣意识到是有人支持、理解自己的，从而感受到社会支持感。采用真诚、温暖、共情等治疗技术与小欣建立良好的咨询关系，取得该生的信任；帮助小欣发掘其他的社会支持，例如同伴、老师；帮助该生发掘自身的优势和力量，让她意识到自己也是可以解决问题的。

第二，帮助小欣认识到母亲一些行为的无奈与苦衷，使其能够理解和谅解母亲，改善与母亲的关系；改变小欣对于自己作为家庭关系调节中间人的定位，让她认识到父母的问题不是自己导致的，也不是自己可以解决的。

第三，行为矫正。该生的叛逆行为、自残行为，严重影响小欣的身心健康。采用制订行为计划、强化、自我管理等技术帮助小欣矫正行为；指导一些正确的宣泄情绪的方式，例如跑步、听音乐等。

第四，做适合的家庭治疗。小欣的很多问题是家庭关系所导致，针对其与父亲、奶奶的关系情况给予一些合适的家庭教育指导，例如，沟通技术，能帮助该生改善家庭关系。

危机案例分析

擅于“教育”的继母

一 个案基本情况

小张，男，15 岁，重组家庭，与父亲、继母和继姐共同生活。父亲高中学历，企业职工，母亲初中学历，自由职业，继母和继姐共同从事传统文化的营销工作。

小张从小由爷爷奶奶带大，跟爷爷奶奶关系亲密，爷爷住院期间，周末会去陪护、送饭菜。读幼儿园时，父亲创业失败，消极颓废，与其母亲离婚，母亲离婚后也未再婚。父亲因不满孩子母亲溺爱孩子，经常阻挠小张与母亲见面，但小张偶尔也会擅自去见母亲，导致父子关系紧张。小学五年级时，父亲与继母重组家庭，继母自认为对孩子负责，又因受传统文化影响较深，对小张要求比较严格，要求他讲仁义礼智信，有时还会就小张的教育问题跟小张母亲沟通，但小张完全不信任继母，对继母的传统文化教育也不认同，导致关系非常紧张。

生活事件及处理：假期小张父母对其手机管控很严，在暑假快结束时，继母催促小张抓紧完成暑假作业，导致发生口角，当晚小张在自己房间用美工刀划伤左手小臂（缝了 11 针），后在其手腕动脉处也发现几道划伤的伤口。继母及女儿发现后及时送医治疗。

（一）班级表现

能遵守校纪校规，服从老师管理，服从班级工作安排，也能积极参与班级管理工作，师生关系较好，对大部分同学关系尚可，对个别在班级经常霸凌的同学看不顺眼，有时会发生冲突。

生活事件及处理：在班级管理过程中，发现同学小陈有霸凌行为，随即发生口角，因小陈有侮辱小张家长的言语，两人动手，造成小张嘴角被打破。

老师送医治疗，并通知双方家长。因两人都受到伤害，待治疗结束后，由学校出面邀请双方家长到校处理，最后小陈赔礼道歉。

（二）课堂表现

在课堂上能认真听讲，思维清晰，积极回答问题，能认真完成作业，作为课代表能督促其他同学完成作业。

（三）案例点评

在小学时，遭遇过校园欺凌，所以对那些霸凌的同学恨之入骨，一直怀疑父亲在骗自己，并不是因为欠债而与母亲离婚，是现在的继母破坏了他们的家庭，也怀疑离婚是为了把债务都推给母亲一个人承担。理智上知道父亲和继母管控手机和严格要求都是为自己好，但情感上接受不了（假期手机每天使用两小时后就得上交；晚上 10 点必须上床睡觉；每周开一次家庭例会进行个人总结）。在情绪失控时，会伤害自己，划的时候不会感觉到痛，反而感觉很爽。

班主任为了打开小张的心结，作为中间人在征得家长同意后，邀请其父亲、母亲、继母和学校结对导师以及其本人，进行了开放式沟通。澄清了父母离婚与继母毫无关系，同时也澄清了并不是因父亲创业失败，而是母亲私自民间借贷、放贷被骗，导致家庭经济不堪重负。最后，父亲与继母对小张的家庭教养方式和严格要求，也作了相应的妥协，彼此达成共识。

二 心理体检评估

（一）艾森克个性测验——（耗时 00：04：56）

精神质（P）：提示被试的精神质在正常范围内，能与其他人正常交往，无明显固执、古怪、麻烦等表现，能善待其他儿童和小动物，会关心他人，表现出一定的同情心和人道主义精神，人际关系较好。（标准分 50）

内外向（E）：表现为典型的内向性格特征，喜欢安静，独自思考，爱看书，不喜欢接触较多的人，与人交往时保持一定的距离，生活、学习有规律，思考问题严谨。做事情计划性强，考虑问题瞻前顾后，言语较少；对他人的话较敏感，行为孤僻，踏实可靠。（标准分 0）

神经质（N）：表现为典型的情绪不稳定，对各种刺激的反应都过于强烈，情绪激发后很难在短时间内平静下来，极易焦虑、紧张、发脾气，强烈的情绪反应影响其与他人的交往，容易与人发生冲突，睡眠不安，容易出现各种身心问题。（标准分 75）

掩饰程度（L）：提示被试对问题回答真实，具有较高的可信度，无明显的掩饰倾向。（标准分 45）

（二）SCL-90 症状清单（耗时 00：05：23）

躯体化（重度）：躯体症状明显，如头痛、腰痛等加剧，情绪烦躁不安；浑身无力。

强迫症状（极重）：整天做些反复的动作或被一些不必要的想法困扰，已经明显地影响正常的学习和生活，忘性大，无法抗拒，内心十分痛苦。

人际关系（极重）：自卑感很强，极少与陌生人接触，不参与公共活动，对别人的言谈、注视感到很不自在，感到自己不被理解，对旁人责备求全，朋友极少。

抑郁（极重）：总是过分担忧，感到自己没有什么价值，常有结束自己生命的念头，自觉精力下降严重，容易哭泣伤感，觉得异常苦闷、孤独。

焦虑（极重）：常常无缘无故地感到恐惧，浑身发抖，感到坐立不安，不能安静，熟悉的东西变得很陌生，总有一种催促感。

敌对（重度）：经常有想打人或想摔东西的冲动，容易激怒，不能控制自己的行为和情绪。

恐怖（极重）：经常处在惊吓、恐怖之中，怕出门，怕乘车，不敢到公共场合，总是担心自己会受惊昏倒，已无法正常地生活和学习。

偏执（极重）：不信任所有的人，总是怀疑别人在监视他、跟踪他，总觉得别人要占自己的便宜，或者紧张、害怕，不敢出门，无法进行正常的工作、生活。

精神病性（极重）：经常有幻听，感觉自己被别人控制，有一些古怪的想法，觉得自己的身体存在严重问题，大脑有毛病，认为自己应当受到惩罚，从未感到和别人很亲近，非常孤单。

（三）生活事件心境筛查

近几周，几乎天天做事提不起兴趣；几乎天天感到心情低落、沮丧或绝望；几乎天天有不如死掉或用某种方式伤害自己的念头。

三 归因分析

首先，家庭因素。小张在生活中出现的问题最主要是受家庭环境的影响。原生家庭中父母关系是离异的，给小张的心理带来巨大的打击。小张由爷爷奶奶带大，缺少与父母亲密交流的机会，所以不知道如何表达自己的情绪，也不知道该怎么和别人建立亲密关系，极度缺乏安全感。

其次，生理因素。处在青春期的孩子有自己独立的想法，叛逆心理尤其严重，小张不信任父亲，这种观念很容易迁移到继母。再加上继母对他实施的教育不受欢迎，对小张的要求严格有余，温暖关爱不足，没有给予他足够的包容，导致小张出现认知偏差，反抗心理更加严重。

最后，生活负性事件。小张在小学经历过校园霸凌的现象，可能产生应激反应，遇到类似事件容易引发激烈反应，出现攻击性行为，进而影响人际关系和他人的评价。

四 干预策略建议

第一，对家庭进行治疗。原生家庭环境差的个体获得的家庭支持会很少，容易偏执，当生活中遇到挫折时，容易受打击并放弃，心理韧性也偏离常态。如果想要让这类学生内心更强大，必须鼓励他们释怀原生家庭的痛苦，接受过往和现实，激发他们乐观的心态，点燃他们对生活的希望，提升他们的社会适应能力，让小张放下对父亲和继母的成见，接受继母对自己的关怀和温暖。当然，家庭治疗的重心还应放在小张父母的观念和教养方式改变上，小张的心理成长是一个家庭系统成长的过程。

第二，采用真诚、温暖、共情等治疗技术与小张建立良好的咨询关系，取得小张的信任。采用无条件积极关注的方式，让小张意识到有人支持、理解自己，从而感受到社会支持力量。同时帮助小张发掘其他的（例如同伴、老师）社会支持，获得家庭以外的亲密关系。更重要的是帮助小张发掘自身的优势和力量，让他意识到自己也是可以解决问题的。

第三，要学会调节情绪。小张由于原生家庭问题和以往被校园霸凌的经历，容易悲观自卑，情绪波动大，应引导他学会调节自己的情绪，找到适合自己的情绪调节方法，例如阅读、运动、画画、音乐等，也应引导小张学会和他人沟通，利用小张的猜疑（继母插足导致家庭破裂）被证实为不正确的契机，让小张明白不当认知会影响情绪，从而尝试学习积极认知。

典型案例研究

“三进三圈”促成一例严重不良行为学生转变的实践与思考

初中阶段的学生正处在自我意识开始觉醒的阶段，因此，他们很善变，也很顽皮。同时，他们青春期的第二性征也开始显现，所以对于这类学生的管理需要多方面的配合和支持，需要用更多的时间、耐心、精力和方法去正确地引导他们，帮助他们健康成长。

一 个体基本情况

吴某，男，16 岁，初一末期进入我校。来我校之前，自认为学习成绩还可以，只是有几次逃课现象。他对自己存在的不足没有深刻的认识，对自己的要求也不高，好高骛远，听不进劝言，认为自己没有什么缺点，别人对他指出缺点是别人对他的嫉妒和诋毁。在校外有比较固定的玩伴，且这些玩伴与他有相似的缺点，所以在校内他没有真正可以交心的朋友，一直认为同学对他有偏见，以至于过于相信外面的“朋友”，最终因盗窃、抢劫先后两次进入派出所后，才真正有所感悟、有所触动。

在校期间表现：

纪律方面，自由散漫，懒惰，日常行为习惯欠佳；

学习方面，学习目的不明确，缺乏兴趣和求知欲，经常听课注意力不集中，作业不能认真完成，学习成绩低下；

思想方面，思维怪异，自卑而又有超强自尊感，缺乏进取心，放任自流，贪玩、迷恋游戏。

二 探索“折翅”的归因分析

（一）家庭系统支持不当

因家庭中姐妹比较多（3个），两个姐姐学习等各方面表现都比较优秀，给吴某造成比较大的压力，同时又是家里唯一的男孩，爷爷奶奶比较宠爱，只要他要求的都尽量满足。家长对其要求不高，从小在行为规范等方面没有进行较好的引导，导致其长大后对家长没有畏惧感，而此时家长对小吴的管教开始感到无从下手，干脆任其自由“发挥”，最终无法收拾。

（二）社会不良环境影响

吴某由于家庭管教不严，同时也没有家人跟他交流沟通，所以结交了很多同类的或比他大的社会青年。受社会不良风气的影响，不思学习，贪图玩乐，迷恋上了电脑游戏。起初那些人能在物质和精神上给他一定的满足，所以慢慢地成了好朋友，形影不离。他认为好朋友不能只是自己获得物质帮助，也应该有所付出，而向家里要钱是有限的，不能满足他们在外的花销。于是先从家里“下手”，今天拿五十，明天拿一百，家长也没有很好地教育他，慢慢养成了坏习惯。后来花销越来越大，靠从家里拿来的钱根本满足不了他们，最后发展成了盗窃、抢劫等违法犯罪事件。

（三）个体认知存在偏差

由于过去存在的“懒、怪、不讲卫生”等问题，他一直受到老师的批评、同学的抱怨、家长的训斥，经常处在“四面楚歌”的环境和氛围之中，而自己的行为能力、学习成绩又始终得不到提高，久而久之产生了自卑心理。同时，因为他学业的持续不良，老师和家长在处理上显得不够冷静，往往是讽刺挖苦，指责训斥，靠权威压服。学校和家庭不恰当的教育方式和态度，使他对同学、老师产生逆反心理，对正确的管教产生抵触情绪。

三 守护“折翅”的应对策略

（一）走进家庭圈——沟通协作

家访在学生教育中起着很重要的作用，在你还没有和学生建立起真正的朋友关系时，他是不会将心里的想法告诉你的。所以，要想更多地了解学生的情况，家访是很好的途径。

通过对吴某的家访，了解了一些有用的基本信息：比如，父亲经常外出跑业务，很少在家管孩子；他放学后有时到母亲这儿，有时去爷爷奶奶那儿；家长几乎没时间和学生交流，因为孩子两边跑，家长之间也很少交流，所以学生在放假期间的去向都很难掌控；学生在外面有不少的同龄和大龄朋友等。对于学生的性格、在家的表现，家长很难说出所以然。这让我们对学生进行有针对性的教育产生了一定困难，也给我们指明了需要进一步深入关注学生的教育盲点。

因此，我通过家校联系本的方式加强与家长的联系，将学生的在校表现（以好的方面为主，不足方面以“希望”的方式）记录在本子上，让学生能看到自己好的表现，有继续改正错误的动力。同时让家长也能正面地引导学生，多看到学生好的方面，多与学生交流沟通，让家长与我们配合，一起帮助吴某度过这片青春期特殊的“沼泽地”。

（二）走进生活圈——赏识教育

通过对吴某在校期间的了解，发现他是个个性张扬、好表现自己的学生，因此我逐步走进他的生活圈，了解他的想法，同时用激励的方式引导他。他在晚饭前喜欢几个人围在一起聊天吹牛，老师也就时不时地参与其中，聊他们感兴趣的话题，让他觉得我是可以聊得来的，从而初步建立起朋友关系，从多次接触中了解他的一些不为人知的想法，慢慢地建立了良好的关系，有时他心里不舒服，也会主动来找我聊聊天。

1. 以人为本，修复自尊心

信任与赏识教育是保护“受伤的天使”自尊心的重要前提。在教育的过程中，坚信“人是可以改变的”教育理念。对此，我满怀期待，倾注耐心，尊重他的人格，用平等关心的方式和态度对待他，不厌恶歧视，不当众揭丑，不粗暴训斥，不冷嘲热讽，不变相体罚。用人格的力量去启迪他的心灵，用爱心去融化他的“心理防线”，在师生间架起一道情感交流的桥梁。经过“晓之以理，动之以情”，因势利导，他感受到老师的信任、关爱、尊重和期待，从而渐渐恢复了自尊与自信，消除了自卑和抵触情绪，愿意接受帮助和教育；进而引导他对自我价值进行分析，提出改进方法，让其去尝试和感受进步带来的成就感，变消极状态为主动状态。

2. 以小见大，寻找启明心

一是发现闪光点。我发现他很羡慕那些在班级里担任班干部的同学，很想在班级担任一个职务，于是我就将自己任教学科的课代表职务交给他担任，同时告诉他怎么做才能让同学信服，怎么才能当好学生干部。

二是挖掘兴趣点。通过日常观察发现吴某对班级的很多事物都感兴趣，很想参与到班级的活动中，我就从他比较好的体育方面入手，鼓励他积极参加学校组织的各项赛事。同时，班级也组织一些竞技类的活动，让他在活动中能发挥自己的特长，增强自信心，并在活动中给予更多的指导，慢慢地与他建立良好的关系，让他对老师没有畏惧感。又比如他在课堂不管懂还是不懂，都很喜欢回答问题，那么就顺势让他回答，即使回答错了，也用赞许的眼光和言语去激励他，让他有兴趣学。

（3）以赞会友，重塑自信心

树立自信心是建立信任和赏识教育的关键因素。为了及时了解、掌握吴某的内心世界和行为表现，进行有针对性的教育，我通过个别谈话、与家长沟通、表扬鼓励、正面疏导等为他指明方向。

我从肯定小成绩、小进步入手，让他品尝到受赞许、表扬的滋味，从而树立起自信心。在他通过努力取得成绩时，一方面及时肯定，另一方面在巩固已有的基础上推演渐进式成长目标。由此让他看到希望，激发其进步的内在潜力，确立起不断进步的信心。

（三）走进社会圈——协同推进

根据吴某的问题成因分析，要实现转化显然不是一朝一夕的事，需要认清转化过程中的关键点和反复点，正确对待、耐心等待，要有长期的、系统的计划和打算，不断地调整方法进行教育。与派出所、社区、任课教师密切配合，步调一致地进行道德认知、法律规范等教育；追踪考查，反复抓，抓反复；加强日常生活、学习的监督。同时多与其家长沟通，希望他们也能多表扬、少批评，多鼓励、少指责，共同教育和帮助，促使其养成良好的行为习惯。

四 修复“折翅”的成效与反思

通过近一年的教育帮扶，吴某逐渐端正了学习态度，各方面都有比较明显的转变。如日常行为表现有所好转；玩电脑游戏方面也有了节制；与同学相处较融洽，能主动参加各种有益的集体活动；主动和父母沟通，亲子关系变得和谐。但在学习方面，由于原先的基础太差，还没有很大的进步，但至少在上课听讲、完成作业方面有了一定提高。

案例辅导的几点思考：

第一，通过对该辅导案例的分析，我深刻感受到转化问题学生的教育工作是一项复杂而又艰巨的教育工程。要为受伤的天使修复“翅膀”是一个漫长的过程，要奉献爱心、因材施教，进行反复而耐心地教育帮扶。更需要将学校、家庭和社会等教育资源有机整合、密切配合，充分发挥各自功能，为行走于法律边缘的未成年孩子架起一张安全成长的防护网。

第二，作为老师，要深入了解被帮扶学生的个性心理和能力特质，尊重其自身的差异性，激发其进步的主动性。只要唤起了他们的自信心，他们学习进步的速度就会大大加快。兴趣被点燃，信心就倍增，问题行为就会受到抑制，教育就会收到意外的成效。但由于很多客观原因，比如放暑假时，家长疏于管理，没有合理安排作息时间和学习、生活任务，他们就会再次到外面寻求伙伴，而教育修复的规则、法制意识还未完全巩固，容易出现反复，需要各部门引起重视。

第三，每个学生的个性特质具有较大差异性。因此，要想尽快帮助他们意识到自己的缺点，并及时改正错误，就需要尽可能地掌握他们生活圈里的相关详细信息，以便做出准确的诊断分析和识别，为后续的帮扶提供可行性应对措施建议。至于吴某，虽然目前还不错，但是还没有达到认知与行为巩固阶段。因此，在今后的学习生活中，还是要继续帮助他、鼓励他，不断地提醒督促他。

总之，由于部分学生和家长在面对社会经济、信息技术的不断发展时，不能准确把脉教育的大环境，或者处理不好家庭内部事务，使得学生问题呈现出多元化和高风险性现象。作为新时代专门学校教育工作者，着实感到肩上的责任重大。因为我们的每一个决定，每一次和学生谈话，都有可能会成为学生改变自己的教育“支点”。所以，我们应紧紧抓住通过“五育并举”来落实“立德树人”这一教育“锚点”，坚持不放弃每一位学生；坚持以爱为名，守护“折翅”的天使向着健康、安全、和谐的轨道前行。

（张斌）

名人有话说

家庭者，人生最初之学校也。一生之品性，所谓百变不离其宗者，大抵胚胎于家庭中。——**蔡元培**

妈妈代表大自然、大地和海洋，是我们的故乡；爸爸则代表思想的世界：法律、秩序和纪律。——**[美]弗罗姆**

家庭是父亲的王国，母亲的世界，儿童的乐园。——**[美]爱默生**

即使是最好的儿童，如果生活在组织不好的集体里，也会很快变成一群小野兽。——**[苏]马卡连柯**

参考文献

图书：

[1] 傅小兰，张侃 . 中国国民心理健康发展报告（2017—2018）[M]. 北京：社会科学文献出版社，2019.

[2] 傅小兰，张侃 . 中国国民心理健康发展报告（2019—2020）[M]. 北京：社会科学文献出版社，2021.

[3] 董晶晶 . 问题学生个案分析与教育对策 [M]. 天津：天津教育出版社，2019.

[4] 邓小红，严瑜 . 学校心理咨询与辅导 [M]. 武汉：华中科技大学出版社，2011.

[5] 胡峰 . 父母习惯影响孩子一生 [M]. 北京：中国画报出版社，2011.

[6] 黄河清 . 家庭教育学 [M]. 上海：华东师范大学出版社，2014.

[7] 林崇德 . 发展心理学 [M]. 北京：人民教育出版社，2008.

[8] 钱铭怡 . 心理咨询与心理治疗 [M]. 北京：北京大学出版社，2016.

[9] 单丹丹 . 青少年心理健康教育手册 [M]. 合肥：合肥工业大学出版社，2012.

[10] 王坤，孔德菊，李超 . 青少年心理问题与治疗 [M]. 北京：国家行政学院

出版社，2012.

[11] 朱建平 . 中小学生的心理疏导 [M]. 长春：吉林教育出版社，2012.

[12][美] 吉诺特 . 老师怎样和学生说话 [M]. 冯杨，周呈奇，译 . 海口：海南出版社，2005.

[13] 乔建中 . 现代心理学基础 [M]. 南京：南京师范大学出版社，2001.

[14] 申荷永 . 社会心理学：原理与应用 [M]. 广州：暨南大学出版社，2004.

[15][苏] 苏霍姆林斯基 . 把整个心灵献给孩子 [M]. 唐其慈，毕淑敏，译 . 天津：天津人民出版社，1981.

[16][苏] 苏霍姆林斯基 . 给教师的一百条建议 [M]. 杜殿坤，译 . 北京：教育科学出版社，1984.

[17] 谭虎 . 家庭教育的热门话题 [M]. 南昌：江西高校出版社，2002.

[18] 王晓春 . 今天怎样做教师 [M]. 上海：华东师范大学出版社，2014.

[19][意] 亚米契斯 . 爱的教育 [M]. 夏丏尊，译 . 北京：人民文学出版社，2007.

[20] 姚本先，方双虎 . 学校心理健康教育导论 [M]. 合肥：中国科学技术大学出版社，2002.

[21] 叶素贞，曾振华 . 情绪管理与心理健康 [M]. 北京：北京大学出版社，2007.

[22][美] 柏格，[美] 史丹纳 . 儿童与青少年焦点解决短期心理咨询 [M]. 黄汉耀，译 . 成都：四川大学出版社，2005.

[23] 于永正 . 做一个学生喜欢的老师 [M]. 北京：教育科学出版社，2014.

[24] 张景焕 . 教育心理学 [M]. 济南：山东人民出版社，2010.

[25] 王晓春 . 问题学生诊疗手册 [M]. 上海：华东师范大学出版社，2013.

[26] 李希贵 . 面向个体的教育 [M]. 北京：教育科学出版社，2014.

[27] 魏书生 . 班主任工作漫谈 [M]. 桂林：漓江出版社，2017.

[28][加] 马克斯・范梅南，李树英 . 教育的情调 [M]. 李树英，译 . 北京 ：教育科学出版社，2019.

[29] 朱小蔓 . 教育情感论纲 [M]. 南京 ：南京师范大学出版社，2019.

[30] 蒙冰峰 . 主体间性道德人格教育 [M]. 北京 ：人民出版社，2019.

[31] 盛萌芽，章建华 . 青少年心理健康管理 [M]. 杭州 ：浙江大学出版社，2020.

期刊论文：

[1] 陈欣银，李伯黍，李正云 . 中国儿童的亲子关系、社会行为及同伴接受性的研究 [J]. 心理学报，1995（3）：329–336.

[2] 陈燕 . 问题学生与家庭教育 [J]. 科教文汇 ：中旬刊，2013（1）：128–130.

[3] 崔丽霞，郑日昌 . 中学生问题行为的问卷编制和聚类分析 [J]. 中国心理卫生杂志，2005（5）：313–315.

[4] 戴艳，高翔，郑日昌 . 焦点解决短期治疗（SFBT）的理论述评 [J]. 心理科学，2004（6）：1442–1445.

[5] 方建移，刘宣文，张英萍，等 . 心理咨询新模式 ：聚焦于问题解决的短期咨询 [J]. 心理科学，2006（2）：430–432.

[6] 王美萍，张文新 . 青少年期亲子冲突与亲子亲和的发展特征 [J]. 心理科学，2007（5）：1196–1198.

[7] 黄家和 . "问题学生" 的教育与转化 [J]. 华东交通大学学报，2003（3）：95–97.

[8] 俞彬彬 . 初中生抑郁状况影响因素分析与对策研究 [J]. 中小学心理健康教育，2018（31）：13–16.

[9] 林好 . 让青春远离抑郁 ：初中女生抑郁心理辅导案例 [J]. 中小学心理健康教育，2019（14）：40–44.

[10] 李芳 . 我是谁：一例抑郁高中生的心理辅导 [J]. 中小学心理健康教育，2011（22）：27–28.

[11] 李敏君 . 每个人内心都有一朵花：一例初中生抑郁情绪心理辅导 [J]. 中小学心理健康教育，2022（5）：44–46.

[12] 王子妍 . 解构与完善：原生家庭对子女成长影响探析 [J]. 现代营销：下旬刊，2022（3）：137–139.

[13] 胡雅情，韦雪艳 . 青少年问题原生家庭的教育分析及其干预策略 [J]. 校园心理，2021（6）：525–527.

[14] 李先锋，李义安 . 问题解决疗法：一种基于问题解决认知研究的心理咨询与治疗技术 [J]. 健康心理学杂志，2003（5）：349–350.

[15] 韩淑香，王洪涛 . 学习障碍的问题解决治疗个案研究 [J]. 长春大学学报，2008（12）：58–59.

[16] 蔡笑岳，于龙 . 问题解决心理学的研究模式及研究取向的演变 [J]. 华南师范大学学报（社会科学版），2008（6）：103–109.

[17] 叶露露 . 问题解决疗法：适合中小学教师使用的心理咨询与治疗技术 [J]. 中小学心理健康教育，2009（11）：24–25.

[18] 杨继平，王兴超 . 道德推脱对青少年攻击行为的影响：有调节的中介效应 [J]. 心理学报，2012（8）：1075–1085.

[19] 宗一楠，徐英 . 广州某高校大学生手机依赖倾向与人际关系的相关性 [J]. 中国学校卫生，2014（11）：1722–1724.

[20] 王相英 . 大学生手机成瘾与孤独感、人格特质的关系研究 [J]. 中国特殊教育，2012（12）：59–63.

[21] 郭莲荣，张明 . 大学生网络成瘾问题及其干预策略 [J]. 教育科学，2006（3）：67–69.

[22] 杨树红，郭正茂，杨剑 . 盘点与梳理：网络成瘾大学生的运动干预研究 [J].

哈尔滨体育学院学报，2016（3）：85-89.

[23] 王莉，邹泓，么娆 . 青少年网络成瘾、父母监控与其社会适应的关系 [J]. 中国特殊教育，2011（5）：62-68.

[24] 邱致燕，王小洁，张斌，等 . 大学生压力知觉、神经质人格与手机成瘾的关系研究 [J]. 卫生职业教育，2016（21）：131-132.

[25] 葛续华，祝卓宏，王雅丽 . 青少年手机依赖与依恋、社会支持的关系 [J]. 中华行为医学与脑科学杂志，2013（8）：736-738.

[26] 葛续华，祝卓宏 . 青少年社会支持与手机成瘾关系的实证研究 [J]. 中国卫生统计，2014（5）：830-832.

[27] 韦耀阳 . 大学生社会支持与手机依赖的关系研究 [J]. 吉林工商学院学报，2012（4）：91-93.

[28] 魏冬云 . 青少年学生嫉妒心理及其克服 [J]. 中国青年研究，2005（6）.

[29] 朱慧华 . 认识，疏通，克服：学生嫉妒心理的引导 [J]. 商情：科学教育家，2008（1）.

[30] 董敬红 . 如何让学生远离嫉妒 [J]. 河北教育，2005（1）.

[31] 欧阳文珍 . 嫉妒心理及其内隐性研究 [J]. 心理科学，2000（4）.

[32] 林媛媛 . 浅谈学生偷窃行为成因及对策分析 [J]. 读写算：教育教学研究，2013（18）：29.

[33] 刘丽 . 自我价值感·自尊需要·自尊自信人格的培养 [J]. 江苏师范大学学报（哲学社会科学版），2016（1）：134-138.

[34] 刘录护 . 青少年偷窃的类型化分析 [J]. 当代青年研究，2012（12）：74-80.

[35] 刘鹏志 . “空椅子技术”在心理咨询中的应用 [J]. 思想·理论·教育，2005（18）：71-73.

[36] 刘晓杰，王美萍 . 医学新生的儿童期心理虐待与忽视、认知偏差和自我

价值感 [J]. 中国健康心理学杂志，2017（3）：446–449.

[37] 刘晓秋，陈亚萍 . 大学生攻击性与社会支持、安全感的相关性 [J]. 中国健康心理学杂志，2014（4）：628–630.

[38] 刘宣文，何伟强 . 焦点解决短期心理咨询原理与技术述评 [J]. 心理与行为研究，2004（2）：451–455.

[39] 彭文涛 . 父母教养方式研究概述 [J]. 阴山学刊，2008（25）：69–74.

[40] 秦瑞 . 离异家庭和青少年犯罪的关系探索与预防控制 [J]. 法制博览：中旬刊，2014（12）：288.

[41] 任传波，李晓非，姜季妍，等 . 大连市 1200 名儿童行为问题的调查研究 [J]. 中国健康心理学杂志，2005（3）：218–219.

[42] 张福娟，谢立波 . 工读生人格特征研究 [J]. 中国特殊教育，2003（2）：38.

[43] 江琴娣，杨福义 . 工读学校学生的心理健康状况及其影响因素研究 [J]. 心理科学，2005（3）：622–625.

学位论文：

[1] 权海军 . 初中“问题学生”成因个案研究 [D]. 济南：山东师范大学，2008.

[2] 高旭灿 . 中学“问题学生”教学干预策略研究 [D]. 重庆：西南大学，2008.

[3] 周丽平 . 问题学生的家庭教养方式与其自尊、心理健康水平的关系 [D]. 石家庄：河北师范大学，2010.

[4] 李燕青 .“问题学生”的形成及转化策略 [D]. 南昌：江西师范大学，2005.

[5] 徐夫真 . 青少年早期抑郁的发展及其与家庭、同伴和个体因素的关系 [D]. 济南：山东师范大学，2012.

[6] 谷雨琦 . 高校学生消极完美主义和担忧影响拖延行为：消极问题趋向的中介作用 [D]. 杭州：浙江大学，2018.

[7] 王智 . 工读学校学生情绪行为问题的干预策略现状研究 [D]. 重庆：重庆师范大学，2015.

[8] 向芳 . 亲子沟通与初中生自我教育的双向互动 [D]. 长沙：湖南师范大学，2012.